KARTNIG
Ein steirischer Traum

von Peter Linden

Exklusivvertrieb: Verlag Styria Graz Wien Köln

www.verlagstyria.com

Layout und Umbruch: Manfred Ergott/Druckerei Oskar Buschek

Coverphoto: Dimo Dimov, Graz

Covergestaltung: Manfred Ergott

Herstellung: Druckerei Oskar Buschek, 3830 Waidhofen an der Thaya

Bindung: G & G Buchbinderei, 2020 Hollabrunn

Bildnachweis: siehe Seite 190

1. Auflage 2001

ISBN 3-222-12869-3

INHALT:

Als Arnold Schmidt, ein Fußballphilosoph und treuer Weggefährte für den SK Sturm Graz mit seinem Leitspruch „Sturm wird's machen" im Jahre 1909 einem kampfeslustigen und sportbegeisterten Haufen von Amateurfußballern eine Heimat gibt, indem er die Vereinsgründung des „Grazer Sportklubs Sturm" im Gasthof Schafzahl umsetzt, hatte er wahrscheinlich weniger ehrgeizige Ziele im Kopf, als der Verein 90 Jahre später unter einer ebenso begeisterten und herzhaften Führung mit Hannes Kartnig an der Spitze tatsächlich erreichte. Meistertitel, Cupsieger und Gewinner des Supercups sind wahrlich ein Erfolg, den sich viele Mitbewerber nur allzu gerne in ihre Geschichtstafel eintragen würden. Dass der SK Sturm Graz ein Jahr später und im dritten Anlauf als erster österreichischer Fußballklub die zweite Runde der Champions League erreicht, ist nur eine weitere Folge des steirischen Fußballmärchens.

Daran beteiligt waren viele, aber die herausragende Persönlichkeit des Präsidenten Hannes Kartnig ist eine eigene Geschichte wert. Ein Mensch der mit all seinen Emotionen und hundertprozentiger Überzeugung Menschen motivieren und mitreißen kann. Ob dies mit überschwänglichem Lob und Stolz passiert oder mit einer ordentlichen „Kopfwäsche", Hannes Kartnig versteht es, die Leute zu bewegen.

Persönlich schätze ich Hannes Kartnig sehr, seine Kraft und den Mut Dinge umzusetzen und seine durchaus menschliche Art Gefühle zu zeigen wären wohl mit dem Sprichwort „ein weicher Kern in einer harten Schale" am Besten umschrieben. Mit seinem Einsatz wurde der Name Graz und das Land Steiermark in der großen internationalen Schar eines sportbegeisterten Publikums etabliert und ihm ist es gelungen, dass sich auch ein David Beckham und seine Kollegen für die Ankunftszeiten am Flughafen Graz interessieren müssen. Als Landeshauptmann der Steiermark sage ich dafür „Danke" und bin stolz, noch öfter auf die wundersam anmutenden Erfolgsstorys eines steirischen „Wunderklubs" angesprochen zu werden.

Waltraud Klasnic
Landeshauptmann der Steiermark

Die Epoche der Renaissance zählt zu den kreativsten der Weltgeschichte. Der Renaissancemensch liebte das Leben, seine Genüsse und alles, was das Leben lebenswert machte. Dazu gehörte auf selbstverständliche Weise auch der unbedingte Wille und die Kraft, die Wirklichkeit seines Umfeldes zu gestalten und zu erneuern. All das trifft auf Hannes Kartnig zu. Daher ist er für mich ein Renaissancemensch. Sein Wirkungsfeld ist das des Fußballs. Vom Fußballfeld geht alles aus, aufs Fußballfeld geht alles zurück. Das ist ja das Schöne und Großartige an Hannes Kartnig: Wie kein anderer in Österreich hat er das gesellschaftliche und wirtschaftliche Standing des Fußballs bei uns gehoben und wesentlich dazu beigetragen, dass die wichtigste Nebensache der Welt auch in unseren Breiten zu einem bei allem Vergnügen und Spass ernstgenommenen sozialen und kulturellen Faktor geworden ist. Denn Hannes Kartnig weiß, was viele Fußballfunktionäre bei uns noch nicht zur Kenntnis genommen haben: In der lebenswichtigen Koexistenz von „Spiel" und „Leistung" erzeugt der Fußball mehr Spannung und Begeisterung als alle politischen und gesellschaftlichen Programme zusammen.

Mit seinem SK Puntigamer Sturm hat Hannes Kartnig diese Zusammenhänge bisher exemplarisch ins allgemeine österreichische Bewusstsein gebracht. Das ist ihm auch deshalb gelungen, weil er ein begnadeter Medienkünstler ist. Welcher österreichi-sche Präsident kann schon auf eine derartig sympathische und anerkennende Würdigung im „Spiegel" verweisen, wie sie ihm widerfuhr ? Natürlich formierten und formieren sich mieselsüchtige Matschgeranten, um ihm am Zeug zu flicken. Dazu nur eines: Hannes Kartnig hat für seine Fehler bezahlt und die richtigen Lehren daraus gezogen.

Die ideale Troika Hannes Kartnig – Heinz Schilcher – Ivan Osim hat den SK Puntigamer Sturm in Höhen geführt, von denen andere österreichische Klubs nur träumen können. Im Konzert der europäischen Großklubs spielen die Grazer „Schwarzen" einen eigenwilligen und originellen Part, der auch den großen Fußballändern Überraschung und Anerkennung abringt. Die gesamte europäische Fußballöffentlichkeit hat die Sturm-Erfolge in der Champions League mit Respekt und Freude wahrgenommen, weil man überall um die Voraussetzungen weiß, unter denen der Klub aus der österreichischen Provinz im Vergleich zu den Großklubs angetreten ist.

Hannes Kartnig hat es zusammen mit seinem Team geschafft, Graz von der Peripherie des europäischen Fußballs ins Zentrum zu bringen, was der erlauchte Kreis der letzten Sechzehn in der Champions League wohl ist. Er hat damit nicht nur für den österreichischen Fußball Großartiges zustandegebracht, sondern auch einen unschätzbaren Beitrag für das Graz-, Steiermark- und Österreichmarketing geleistet. Hannes Kartnig ist eben ein PR-Profi: In eigener Sache, freilich und erwiesenermassen aber auch in den Sachen, um die er sich annimmt.

Landesrat Dr. Gerhard Hirschmann

Ein Telegramm aus der Hofburg

Eggenberger Gürtel 9, fünf Gehminuten vom Grazer Hauptbahnhof entfernt: Ein unscheinbares Haus – würde über dem Eingang nicht ein Riesenschild mit der Aufschrift „Perspektiven-Ankündigungs-Ges.m.b.H." hängen. An der Eingangstür ist der Hinweis, dass sich im ersten Stock das Sekretariat von Sturm Graz befindet, nicht zu übersehen. In der Tiefgarage parken regelmäßig Luxuskarossen der Marken Rolls Royce, Mercedes und BMW mit den Kennzeichen „G-STURM 1" und „G-WIEN 1". Ein Hinweis, dass der Boss höchstpersönlich da ist und es im ersten Stock hektisch und laut werden kann.

Der Boss heißt Hannes Kartnig, Besitzer und Chef der „Perspektiven-Werbung", auch wenn er beim Tagesgeschäft schon immer mehr

Die Erfolge hängen am Eggenberger Gürtel 9 schon im Stiegenhaus: Ivica „Ivan" Osim, Hannes Kartnig und Heinz Schilcher hinter Meisterteller und den Pokalen für Siege im Cup und Supercup.

Der Chef mit Fußballgöttern aus Argentinien und Brasilien – mit Diego Maradona und Mario Kempes 1990 in Wien, mit Ronaldo 1998 in Graz.

Der Chef wie er leibt und lebt – fast zu viele Ideen gleichzeitig. Damit hält er alle auf Trab – mitunter auch lautstark.

Ein Lieblingsplatz des Präsidenten – Blick frei zum Kuss auf den Meisterteller.

Ein Präsidentenbüro, das sich auch international sehen lassen kann: Antiker Tisch und Schrank aus Florenz, die Uhr aus Paris. Alles von Kartnig selbst bezahlt.

seinem Sohn Gerald freie Hand lässt. Denn seit 6. Dezember 1992 ist Kartnig senior Präsident von Sturm Graz, und das nimmt schon mehr Zeit in Anspruch.

Der Eggenberger Gürtel 9 ist sozusagen Kartnigs Geschäftszentrale. Alles zwischen Garage und erstem Stock gehört seit 1985 ihm – Wert zwischen dreißig und vierzig Millionen Schilling. Kartnig: *„Ist ja am besten Platz!“*

Schon im Halbstock ist nicht zu übersehen, dass Sturm Graz unter Präsident Kartnig zu Meisterehren kam – ein Riesenposter von der Mannschaft mit Betreuern, Trainerguru Ivica „Ivan“ Osim, Manager Heinz Schilcher und dem Präsidenten samt Meisterteller. Im ersten Stock die Sturm-Geschäftsstelle und das Perspektiven-Büro, dem gegenüber eine weiße Tür ohne Aufschrift. Die Pforte zum Allerheiligsten, dem Kartnig-Reich.

Am Gang zum Büro des Präsidenten hängen Fotos von ihm mit Walter Schachner, an dessen Transfer nach acht Jahren Italien zu Sturm er 1988 maßgeblichst beteiligt war, mit Ex-Teamchef Josef Hickersberger, an dem er vor der WM 1990 die „Kapperlwerbung“ erfunden hatte, mit Argentiniens Idolen Diego Maradona und Mario Kempes vor elf Jahren im Wiener Stadion und mit Brasiliens Topstar Ronaldo, als der 1998 mit Inter Mailand bei Sturm zu Gast war. Samt Autogramm Ronaldos und Widmung für „il presidente“. Daneben eine Kartnig-Karikatur, wie er, den Telefonhörer am Ohr, die ganze Belegschaft auf Trab hält. Darunter das von Landeshauptfrau Waltraud Klasnic am 16. Mai 1998 verliehene Goldene Ehrenzeichen der Steiermark sowie eine Urkunde als Ehrenbrauer von Sturm-Sponsor Puntigamer. Hopfen und Malz – Kartnig erhalt's.

Das Büro sieht aber nicht nach Ehrenbrauer aus, sondern nach vielfachem Millionär, der an der Wand über dem Besprechungstisch formatfüllend den Meisterteller küsst. Ein Geschenk des „Krone“-Fotografen Sepp Pail. Der Schreibtisch ebenso ein Museumsstück aus Florenz wie ein Schrank an der Wand. Die Uhr kaufte er in Paris, eine riesige Vase in Monte Carlo, eine Holzfigur in Indien, den roten Ledersessel in Deutschland, einen Schrank in Malaga, einen Spiegel in den Sturm-Farben Schwarz-Weiß in der berühmten Glasschleiferei in Murano bei Venedig, dazu gibt's passende Sessel in Schwarz-Weiß. Ein Teppich kommt aus dem Iran. Dazu getönte Glasscheiben – die Grundfarbe ist dunkelblau. Kartnig: *„Endlich ein Büro, in dem wir auch internationale Kunden mit Stil empfangen und Besprechungen abhalten können. In den alten Sturm-Büros hast kaum sitzen können, weil die Leitungen herausgestanden sind. Beim Aufstehen hast einen Elektroschock g'kriegt!“*

Jetzt halten die Räumlichkeiten von Präsident und Klub allen Vergleichen stand, sind in Österreich absolut unerreicht. Auch in der Sturm-Zentrale ist alles neu, war alles teuer. Die Konstruktion im Foyer, in dem an der

Wand die Tabelle der Vorrundengruppe D in der Champions League 2000/2001 mit Sturm als sensationellem Gruppensieger vor Galatasaray Istanbul, den Glasgow Rangers und Monaco einen Ehrenplatz an der Wand hat, ist für ihn sogar einmalig auf der Welt.

An der Wand des „Sturm-Museums" steht ein Tor. Im Tor liegt ein großer Ball. Quer durch den Raum ist eine Schnur aus Metall gespannt – bis ins Kreuzeck des Tors. Am anderen Ende der Schnur hängt ein kleiner Fußball. Wenn man auf einen kleinen Knopf drückt, saust der kleine Fußball die Schnur entlang. Und wenn er im Kreuzeck angekommen ist, öffnet sich der große Fußball. Dann erscheint eine Leinwand, auf der Sturms größte Erfolge zu sehen sind. Umrahmt wird das „Museum" von Dressen aller prominenten Teams, gegen die Sturm in letzter Zeit gespielt hat: Manchester United, Real Madrid, Valencia, Galatasaray Istanbul, Feyenoord Rotterdam, Inter Mailand, Glasgow Rangers, Olympique Marseille, Croatia Zagreb, Spartak Moskau, AC Parma, etc. Unter dem Glasboden: die Wimpel der attraktivsten Sturm-Gegner. Aus Österreich fanden nur FC Tirol, Rapid und die Wiener Austria „Gnade".

Der Präsident im Sturm-Museum: Links die vielen Pokale, die Sturm erhielt, rechts die Dressen von Manchester United (rot), Glasgow Rangers (blau) und Marseille (weiß), im Tor hat sich der Fußball schon geöffnet. Auf der Leinwand erscheinen die ersten Bilder ...

Für diese *„geile Nummer"* (Originalton Kartnig) engagierte der seit 20 Jahren immer bärtige Präsident sogar einen Spezialisten der Vereinigten Bühnen. Kartnig drückt gerne auf dieses Sturm-Highlight-Knopferl.

Ebenso wie er in der letzten Weihnachtszeit die CD „Stürmische Weihnachten" auflegen ließ, die Stereoanlage in der gemütlichen Eckbar auf volle Lautstärke drehte, die Nummer erdröhnen ließ, die Sturms 31jähriger Pressechef aus der Musikszene, Andy F. Thalhammer (auch ein Impresario und Künstler), für ihn ausgesucht hatte: Bing Crosbys weltberühmter „Little Drummer Boy". Und so hallte das *„Ram pa bam bam, Ram pa bam bam"* nicht nur einmal im breiten Kartnig-Präsidenten-Bariton durch die Räumlichkeiten.

Kein Wunder, dass Sturm-Zentrale und „Präsidentensuite" insgesamt knapp sieben Millionen Schilling kosteten. Die wertvollen Antiquitäten in seinem Büro bezahlte Kartnig aus eigener Tasche. Wie teuer die waren, will er nicht sagen. Denn er hat längst den Status erreicht, den sein großes Vorbild, der vor neun Jahren viel zu früh verstorbene „Mister Austria" Joschi Walter, mit dem Satz *„Wenn*

Das Kartnig-Haus in Graz/St.Peter

Immer nur im feinen Tuch – Ferre, Armani, Versace, „Millionärskaschmir" von Zegna.

du in Österreich Erfolg hast, sind's dir sogar deine Lungenentzündung neidig" beschrieb.
Aber dass der Tisch aus Florenz eine Million wert ist, gilt schon als offenes Geheimnis. In der Nähe des Tisches stehen Fotos mit Autogrammen und Widmungen von Showstars, deren Auftritte bei den Sturm-Weihnachtsfeiern auch einiges kosteten: Al Bano, Engelbert, die Band „No Mercy". Die Weihnachtsfeier 2000 in der Schwarzl-Veranstaltungshalle in Unterpremstätten kostete 3,5 Millionen Schilling. Allein der Aufbau der Bühne, auf der Gloria Gaynor ihr weltberühmtes „I Will Survive" schmetterte, verschlang 1,6 Millionen ...

Ja, der Hannes Kartnig, von dem die Grazer Fotoagentur GEPA derzeit schon knapp 1700 Bilder gespeichert hat (*„Auch damit bin ich sicher die Nummer eins bei den Präsidenten"*), ist mit knapp 50 Jahren einer, der es geschafft hat.

– Der von ganz unten nach oben kam, der sich jetzt alles leisten kann. Bis hin zu einem Traumhaus am Neuböckweg im Grazer Stadtteil St. Peter, das er nach seinen eigenen Ideen in zweijähriger Bauzeit mit Riesenaquarium samt Hai, herzförmigem Swimming Pool (der in der Bauzeit einmal den Hang runter rutschte, weil Kartnig nicht auf die Vorschläge des Baumeisters hören wollte) und künstlichem Wasserfall im Garten gestalten ließ, schon seit 26. Juli 1986 bewohnt (zur Einweihung hatte es eine Riesenfete samt Feuerwerk gegeben), seit 1999 mit der attraktiven Evelyn an seiner Seite, die er „Prinzessin" nennt. Den Wert des Kartnig-Hauses, in dessen Wintergarten ein ausgestopfter Leopard steht, den er in der südafrikanischen Stadt Durban in einer Auslage entdeckt hatte, schätzen Insider auf dreißig bis vierzig Millionen.

– Der nur feines Tuch aus den Modehäusern von Gianfranco Ferre, Giorgio Armani und des ermorderten Gianni Versace trägt, den er im Winter 1994 bei einem Karibikurlaub ebenso wie das deutsche Topmodel Claudia Schiffer kennengelernt hatte: *„Beide waren total locker und sind auf meinen Schmäh natürlich voll abgefahren!“*. Nach der Ermordung Versaces hält er es jetzt mit dem Motto des mit ihm mitunter verfeindeten, aber viel öfter und länger befreundeten Grazer Sportanwalts Christian Flick, das da heißt: *„Auch Tote müssen leben!“* Auch Stoffe aus dem Hause Emmanuele Zegna, für Kartnig glattweg das „Millionärskaschmir“, zählen zu seinen Favorits.

– Der Sturm Graz in neun Jahren in nie geträumte Höhen führte, zum steirischen „FC Hollywood“: dreimal hintereinander in die Champions League, zuletzt unter die besten sechzehn Meisterklubs in Europa. Danach kam sogar ein Telegramm aus der Hofburg. Bundespräsident Thomas Klestil

Nach dem ersten Meistertitel der stolzeste Moment der Ära Kartnig bei Sturm – nach dem 2:2 gegen Galatasaray im ausverkauften Ali Sami Yen-Stadion in Istanbul. Damit Gruppensieger in der Champions League, Aufstieg unter die besten 16 Europas. Hollywood am Bosporus ...

Die Feiern in der Istanbuler Nobelherberge „Kempinski" dauerten bis in das Morgengrauen – solche Erfolge muss man ausleben. Da durfte die kubanische Cohiba-Zigarre nicht fehlen.

Ankunft am Flughafen Graz-Thalerhof – tausende Fans jubelten Sturm zu. Auch seine Evelyn mit ihren Kindern Lisa und Bernhard war gekommen. Beim Gratulationskuss applaudierten auch die Frau Landeshauptmann Waltraud Klasnic und Sportlandesrat Gerhard Hirschmann.

telegrafierte am 7. November 2000 nach dem 2:2 gegen Galatasaray in Istanbul, das den sensationellen Triumph perfekt gemacht hatte, zur Gratulation in die türkische Millionenstadt, dass die Grazer Elf österreichische Fußballgeschichte geschrieben habe. Auch Wiens Bürgermeister Michael Häupl faxte Glückwünsche – wie einige Monate zuvor der damalige Bundeskanzler Viktor Klima zum Meistertitel. Österreichs Politprominenz schüttelt Kartnig, der sich selbst als *„fleißig, lustig, tolerant und ehrlich"* beschreibt, gerne die Hand.

Angefangen von Bundeskanzler Wolfgang Schüssel über die für den Sport zuständige Vizekanzlerin Susanne Riess-Passer. Ganz zu schweigen von den steirischen Größen wie Frau Landeshauptmann Waltraud Klasnic oder Sportlandesrat Gerhard Hirschmann, der auch sein persönlicher Freund ist. Ebenso ist Diözesanbischof Kurt Krenn gerne in Kart-

Auch mit Politikern aus allen Lagern kann man seine Hetz haben: Mit der Frau Landeshauptmann sowieso immer, mit Bundeskanzler Wolfgang Schüssel und Ex-SP-Generalsekretär Andreas Rudas, der als Austria-Vizepräsident zur sportlichen Konkurrenz gehört, bei den gelegentlichen Treffs ebenso. Auch die für den Sport zuständige Vizekanzlerin Susanne Riess-Passer ist gerne bei Kartnig und Sturm im Grazer Schwarzenegger-Stadion. Gottes Segen kommt mitunter vom St. Pöltner Diözesanbischof Kurt Krenn. Er sympathisiert zwar mit Grün-Weiß in Hütteldorf, applaudiert aber auch dem Sturm-Höhenflug. Selbst wenn der auf Kosten Rapids geht.

nigs Nähe, obwohl Krenn als Rapid-Fan gilt. Die komplette Sportprominenz von Hermann Maier abwärts ist oft mit Kartnig zu sehen.

Vor einem Vierteljahrhundert sah es aber gar nicht danach aus. Ganz im Gegenteil. Vor 25 Jahren saß dieser Hannes Kartnig im Alter von 25 Jahren nach einer schweren Jugendsünde hinter schwedischen Gardinen. Aber er lernte aus seinen Fehlern. Nach acht Monaten Gefängnis begann sein Weg nach oben, bei dem er keinen entscheidenden Fehler mehr beging – trotz seiner fast regelmäßigen „Polteranfälle“, nach denen ihn einmal sogar einer verärgert und wenig schmeichelhaft den „weißen Idi Amin“ nannte. Der Kartnig-Aufstieg: vom Häf'n bis in die Champions League, von Brot und Wasser im Gefängnis über das steirische Kernöl in der Zeit danach bis zu Sekt, Kaviar und Rolls Royce.
Ein steirischer Traum! Oder vielleicht sogar *der* steirische Traum!

Die Watschen von Alfredo di Stefano

Begonnen hat alles am 27. Oktober 1951 in Gleisdorf – da brachte Hedwig Kartnig den kleinen Hannes zur Welt. Der dann Ministrant und bei den Pfadfindern war. Schon als Schüler hatte er fast immer mehr Geld in der Tasche als die anderen in seinem Alter – weil er mehr verdiente. Und wenn es durch Sternsingen war. Die Fußball-Leidenschaft wurde von Vater Hans, einem Magistratsbeamten, geweckt – durch einen Besuch mit dem zehnjährigen Hannes bei Sturm in der berüchtigten „Gruab'n".

Er war von der engen Atmosphäre, der Stimmung und auch von der eher rauen und rustikalen Sturm-Gangart fasziniert. Gespielt hat er aber in der Schülermannschaft des GAK. Fotos von damals existieren nicht – „Mister Sturm" im Dress des Lokalrivalen wurde erst vor zwei Jahren, anlässlich einer verlorenen Wette, erstmals abgelichtet. Kartnig über den Nachwuchsspieler Kartnig: *„Technisch gut, schnell, aber im Zweikampf sehr schwach, scheu wie ein Reh. Wenn's mich getreten haben, hatte ich immer eine Riesenangst um meine zarten Fußerln!"* Wer den Kartnig von heute kennt, kann sich das eigentlich nicht mehr vorstellen.

Weil ihm das Klima beim GAK nicht gefiel, wechselte er in die Unterklasse, zum Grazer SC. Aber mehr interessierte es den jungen Kartnig, bei den Großen zuzuschauen. Und Autogramme zu sammeln. Da ließ er sich durch nichts abschrecken. Auch nicht durch eine Watschen, die ihm der berühmte Alfredo di Stefano nach einem Gastspiel von Real Madrid im alten Liebenau-Stadion gab. Als Kartnig in den Real-Autobus ging und artig di Stefano um seine Unterschrift bat, wurde der Weltstar gegen den „Bersch" handgreif-

Der kleine Hannes am Arm von Vater Hans, Mutter Hedwig mit Schwester Edith.

Bilder aus der Jugendzeit:
Ein fesches Paar im Matrosengewand – der kleine Hannes (oben links) mit der Schwester. Dann gab´s auch schon erste Versuche als Dirigent. Lachen tat Hannes schon damals gerne – hier rechts neben dem Kasperl.

Oder auf einem Verwandtschaftsfest mit der Schwester und einem riesigen Teddybär. Jahre später weckte dann Vater Hans die Sturm-Leidenschaft des Sohnes. Mit einem Besuch in der „Gruab'n".

Ganz „unfallfrei" verlief die Jugend nicht – wie die Pflaster am Bild vor der Schule zeigen. In der Zeit begann Hannes auch Autogramme zu sammeln – die ersten großen Idole spielten aber nicht in Graz, sondern beim Wiener Sportklub in Dornbach.

lich: *„Völlig grundlos, vielleicht war der Dodel schlecht aufgelegt."* Aber die Autogramme von allen anderen Stars, wie von Puskas oder Gento, nahm er trotzdem mit. Die zeigte er dann bei den Freunden wie eine Trophäe her. Ebenso eine Karte, die ihm Sportklubs Teamspieler Erich Oslansky vom damals berühmten Sommerturnier in New York geschrieben hatte. Denn Kartnig verehrte Ende der Fünfzigerjahre die damalige große Sportklub-Mannschaft mit Erich Hof, Hamerl, Knoll, Horak, Oslansky, Barschandt, Szanwald, Hasenkopf, etc. Ihre Technik begeisterte den jugendlichen Fan Kartnig (*„... na die hab'n kickt, a Waunsinn!"*). Er begleitete sie nach ihren Grazer Gastspielen oft ins Bahnhofsrestaurant, wo seine Idole die Zeit bis zur Zugabfahrt tot schlugen: *„Mitunter haben's mich zum Essen eingeladen, da durfte ich an ihrem Tisch sitzen. Für mich war das Weihnachten und Ostern in einem!"* Später bewunderte er auch die Wiener Austria mit ihrem steirischen Tormann Gernot Fraydl, mit Karl Stotz, Horst Nemec, Ernst „Dralle" Fiala und Hans Buzek. Von allen sammelte er Autogramme ...

In der Jugend, in der er den Rat seiner Mutter (*„... du musst etwas essen, damit etwas aus dir wird"*) über Gebühr zu beherzigen begann, suchte er bereits die Nähe der Sturm-Spieler in der Trainerära des „Karawanken-Herreras" Gerdi Springer, dessen Methoden Präsident Kartnig noch heute für teilweise richtig hält, sie mit „streicheln und eine mitgeben" beschreibt. Mit Walter Fuchs, Helmut Wagner und Alfred Murlasits kam der Fan Kartnig in Kontakt. Dem jetzigen Sturm-Manager Heinz Schilcher fiel der 18jährige Kartnig, als Schilcher 1969 noch als „Langhaariger" mit einem 380.000 Schilling-Transfer vom GAK zum Lokalrivalen Sturm für Aufsehen sorgte, gar nicht besonders auf: *„Er war eben einer von vielen, die Autogramme von mir wollten!“* So wurde der Goldschmiedlehrling Kartnig zum deklarierten Sturm-Fan.

Zum Goldschmied wurde er beim größten steirischen Juwelier Weikhard am Grazer Hauptplatz ausgebildet. Von dort war es nicht weit in den renommierten „Kaiserhof“ in der Herrengasse, wo er auch heute noch oft zu Gast ist. In dem Kaffeehaus hörte der junge Kartnig mit offenen Augen und Ohren zu, wie gut und elegant gekleidete Vertreter, die er als „Schmähbankerlpartie“ bezeichnete, über ihre Erfahrungen, unter anderem auch in der Werbebranche, plauderten. Und da reifte im 19jährigen Kartnig (*„Ich hab' dort viel aufgeschnappt und registriert“*) der Entschluss: Ich versuch's auch in der Werbebranche! Als Autodidakt, denn als Goldschmied *„war nur etwas zu verdienen, wenn man schon Geld mitgebracht hat. Und das war bei mir nicht der Fall!“* So hat er den Beruf Goldschmied nie ausgeübt. Das Anfangsgehalt von 9000 Schilling pro Monat reizte ihn nicht wirklich – es war

Der „Kaiserhof“ in Graz – der dortigen „Schmähbankerlpartie“ hörte Kartnig gerne zu. Derzeit hat ihn der ehemalige Sturm-Vizepräsident Charly Temmel gepachtet, der mit Sturm im juristischen Clinch liegt.

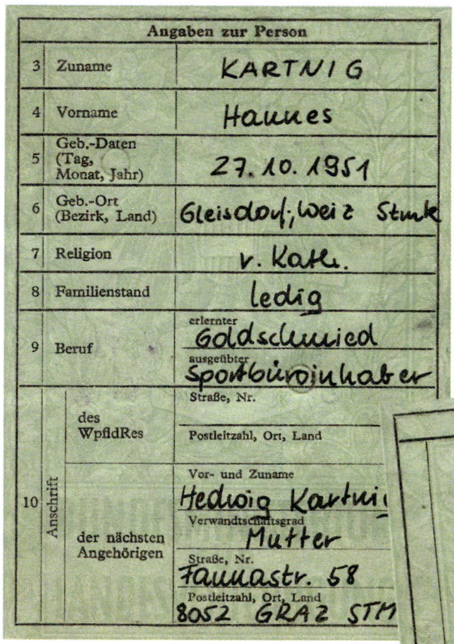

Angaben zur Person

3 Zuname: KARTNIG
4 Vorname: Hannes
5 Geb.-Daten (Tag, Monat, Jahr): 27.10.1951
6 Geb.-Ort (Bezirk, Land): Gleisdorf, Weiz Stmk
7 Religion: r. Kath.
8 Familienstand: ledig
9 Beruf: erlernter: Goldschmied; ausgeübter: Sportbüroinhaber
10 Anschrift des WpfldRes: Straße, Nr.; Postleitzahl, Ort, Land
der nächsten Angehörigen: Vor- und Zuname: Hedwig Kartnig; Verwandtschaftsgrad: Mutter; Straße, Nr.: Faunastr. 58; Postleitzahl, Ort, Land: 8052 GRAZ STM

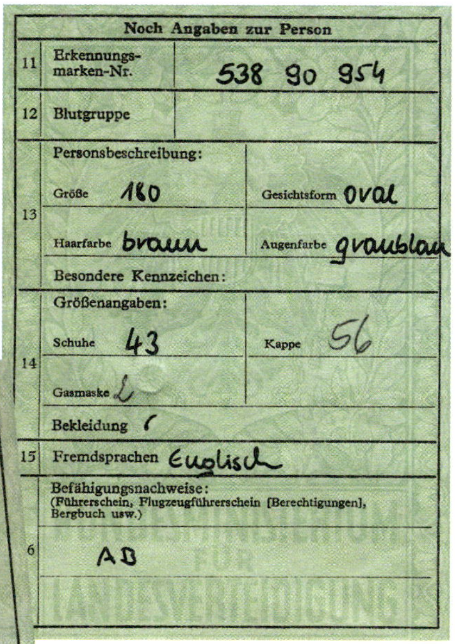

Noch Angaben zur Person

11 Erkennungsmarken-Nr.: 538 90 954
12 Blutgruppe:
13 Personsbeschreibung: Größe 180, Gesichtsform oval; Haarfarbe braun, Augenfarbe graublau; Besondere Kennzeichen:
14 Größenangaben: Schuhe 43, Kappe 56; Gasmaske 2; Bekleidung 1
15 Fremdsprachen: Englisch
16 Befähigungsnachweise: (Führerschein, Flugzeugführerschein [Berechtigungen], Bergbuch usw.) AB

BUNDESMINISTERIUM FÜR LANDESVERTEIDIGUNG

„RESERVE"

2

(Eigenhändige Unterschrift des Inhabers; Vor- und Zuname)

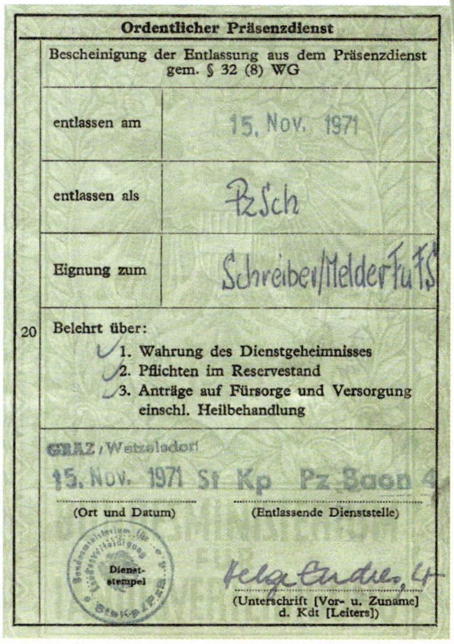

Ordentlicher Präsenzdienst

Bescheinigung der Entlassung aus dem Präsenzdienst gem. § 32 (8) WG

entlassen am: 15. Nov. 1971
entlassen als: PzSch
Eignung zum: Schreiber/Melder FuFS

20 Belehrt über:
1. Wahrung des Dienstgeheimnisses
2. Pflichten im Reservestand
3. Anträge auf Fürsorge und Versorgung einschl. Heilbehandlung

GRAZ / Wetzelsdorf 15. Nov. 1971 — St Kp Pz Baon 4
(Ort und Datum) (Entlassende Dienststelle)

Dienststempel

(Unterschrift [Vor- u. Zuname] d. Kdt [Leiters])

Beförderungen und Ernennungen

24

mit Wirkung vom	Befördert oder ernannt zum, gem. Verfügung (Zl.)	Bescheinigung der Dienststelle

BUNDESMINISTERIUM FÜR LANDESVERTEIDIGUNG

Das Wehrdienstbuch als Beweis für den Präsenzdienst im Jahr 1971: Mit 20 war der gelernte Goldschmied schon Sportbüroinhaber. Panzerschütze Kartnig eignete sich zum Schreiber und Melder – die Beförderung zum Gefreiten schaffte Wehrmann Kartnig aber doch nicht.

ihm viel zu wenig. In die Nähe seines Traumjobs Designer kam Kartnig aber auch nie ...

Der junge Kartnig mit seinem ersten Auto – ein gebrauchter Rover war der ganze Stolz!

Jungunternehmer Kartnig versuchte es mit Prospektverteilung, („... *ein unsicheres Geschäft, weil die Leute die Prospekte immer weglegten. Da hab' ich mit den Kunden immer Wickeln g'habt, weil das oft nicht ehrlich war*"), vermittelte steirische Musikbands wie Alex Rehak mit „Hyde & Seek" oder „Generation 2000" zu Sommerfesten, Weihnachtsfeiern. Schon damals merkte Kartnig, dass er beim Verkauf gut ankam: *„Die Leut' hab'n mir gern zugehört, ich hab' reden können."* Aber trotzdem war's bis zum großen Sündenfall nicht mehr weit ...

Aber vor der „Jugendsünde"passierte noch Entscheidendes: Im Juli 1970 lernte er Wilma, eine Volksschullehrerin in der „gefürchteten" Triester Siedlung in Graz kennen. Ein im Gegensatz zu ihm ganz ruhiger, zurückgezogener Typ. Am 30. April 1971 wurde Sohn Gerald geboren. Geheiratet wurde erst am 6. Dezember 1985, zehn Jahre nach dem „Sündenfall". Insgesamt hielt die Verbindung 28 Jahre – auch nach der Scheidung 1998, bei der Kartnig alle Schuld auf sich nahm, ist der Kontakt nicht abgerissen, geht man freundschaftlich miteinander um: *„Alles andere wäre ja niveaulos, hätte keinen Stil"*, so Kartnig.

Vor dem „Sündenfall" passierte noch etwas: Da war der noch nicht 25jährige Kartnig bereits Klubpräsident – des unterklassigen Grazer SC. Und lieferte nach einem „Stadtderby" gegen Waagner Biro seinen ersten Eklat mit einem Referee, stürmte nach dem Schlusspfiff aufs Feld, um dem späteren FIFA-Schiedsrichter Josef Bucek ganz kräftig seine Meinung zu sagen. Noch heute ist Kartnig überzeugt, damals im Recht gewesen zu sein: *„Der war ja bei Waagner Biro angestellt, das sagt alles!"* ...

Eine Million Schulden oder jung, dumm und gefräßig

Das süße Leben („... ich war jung, dumm und gefräßig") war an der Jugendsünde des Hannes Kartnig schuld. Zwar lief es mit der gegründeten „Kartnig-Werbung" gar nicht schlecht, fand er in Wien mit der Agentur des ehemaligen Austria-Fußballers Rudi Rappel einen seriösen Geschäftspartner, auf den er sich verlassen konnte, mit dem er bis heute zusammenarbeitet.

Aber plötzlich gab's 1976 eine Million Schilling Schulden – der große Sündenfall. Wie die Schulden in dieser Höhe zusammengekommen waren, kann er heute gar nicht mehr sagen. Er musste den Konkurs der „Kartnig-Werbung" anmelden – den ersten Plänen nach sollte es ein Ausgleich werden. Still und leise, weil er ja noch arbeiten konnte. Doch ließ er sich von einigen Leuten, auch Rechtsanwälten, falsch beraten, die ihm alle einen Zwangsausgleich ans Herz legten, weil der billiger kommen, nur zwanzig Prozent der Schuldenlast kosten sollte, der „normale" hingegen mindestens dreißig, vielleicht sogar das Doppelte. Der große Fehler, den Kartnig mit 25 Jahren beging: Er arbeitete noch nebenbei, lieferte aber die ohnehin eher nie-

Jung, dumm und gefräßig – Hannes Kartnig am Wörther See. In Pole-Position (links) an der Bar beim Mösslacher in Velden.

Hier büßte Kartnig 1976 acht Monate für seine Jugendsünde – das Grazer Landesgericht. Nur wenige Schritte vom alten Sturm-Platz, der „Gruab'n", entfernt ...

deren Einkünfte nicht beim vom Gericht bestellten Masseverwalter ab: *„Daher hab' ich die Krida aufgerissen!"*

Eine betrügerische noch dazu. Daher ein Jahr Gefängnis, von dem er acht Monate im Grazer Landesgericht, nur wenige Steinwürfe vom Sturm-Platz entfernt, absitzen musste. Zum Teil bei Wasser und Brot. Aus der Jugendsünde, die ihn auch zum bisher letzten Mal zum Weinen gebracht hatte, machte er bis heute nie ein Geheimnis, er redet darüber offen. Auch zweieinhalb Minuten lang am Heiligen Abend 2000 im Hörfunk auf Ö3 in Claudia Stöckls Societysendung „Frühstück bei mir", was sich zu Weihnachten 1976 hinter schwedischen Gardinen am Landesgericht abspielte: *„Sehr hart und traurig, wenn man durch die Gitterstäbe hinausschaut und sieht, wie andere Menschen ihre Christbäume angezündet haben. Da denkt man natürlich nach, was macht meine Familie. Da ist es am besten, man zieht die Decke über den Kopf, macht die Augen und Ohren zu. So etwas gibt auch harten Menschen zu denken!"* Das machte er nicht nur einmal in dieser für ihn harten Zeit in einer

Ein Partner aus Wien, der auch in schweren Zeiten zu Kartnig stand: Rudi Rappel. Gemeinsam veranstalteten sie die erste österreichische Hallenfußballmeisterschaft. Noch heute arbeiten sie zusammen.

Viererzelle: *„Zum Glück waren die drei Mithäftlinge keine Wilden, hatten nur harmlose Delikte verbrochen!“* In seinem Trakt saßen aber auch Mörder und Kinderschänder ...

Die acht Monate, in denen seine Wilma bedingungslos zu ihm stand (*„... zum Glück hatte ich diesen Bezug nach außen, sonst hätte ich diese Zeit wahrscheinlich nicht überstehen können“*), waren doch ein einschneidendes Ereignis in seinem Leben: *„Ein totaler Schock. Es gibt heute noch Momente, in denen ich den Schlüssel an der Zelle sperren höre. Da bist du nichts, nur noch eine Nummer, darfst nicht mehr tun. Du bist in Wahrheit kein Mensch mehr!“* Wenn um sechs Uhr früh die Glocke läutet und ein Blechnapf mit schwarzem Kaffee in die Zelle geschoben wird, dazu ein Stück Brot. Unter dem Motto: friss oder stirb. Wenn pro Woche nur einmal Duschen erlaubt ist: *„Da hast auch Sachen mitgekriegt, die in Richtung Homosexualität gelaufen sind! Alles unmenschlich bis zum Geht-nicht-mehr. Das hat mich sicher geprägt!“*

Er konnte damals gar nicht daran denken, es allen zu zeigen, nach oben zu kommen, er war nur froh, wieder raus zu kommen. Die Firma lief zwar unter der Leitung des Masseverwalters Harold Schmidt (der auch Präsident des Grazer Handballstaatsligaklubs GSV war) weiter, es ging ihr aber, obwohl sie – auch dank der Hilfe Rappels, der Aufträge im Wiener Raum verschaffte – gewinnträchtig blieb, trotzdem nicht sehr gut: *„Eine ziemlich schwere Sache. Du hast ja keine Mitteilung da drinnen, du weißt nicht, was draußen rennt!"* Rappel ließ Kartnig nicht fallen – im Gegenteil, er brachte damals in einigen Gesprächen Rechtsanwalt Schmidt (der Jahre später nach Abwicklung des Konkurses einmal sogar als Masseverwalter eines anderen Unternehmens Kartnigs „Geschäftspartner" wurde) dazu, ja nicht alles von Kartnigs Firma zu verscherbeln, wie es eigentlich anfangs geplant war.

Die Firma hatte sich seit 1971, dem Todesjahr des „alten" Landeshauptmanns Josef Krainer, mehr auf den Bau von Plakatflächen spezialisiert, da das Prospektverteilen eine unsichere Sache blieb. Mit Kartnig begann damals auch der bekannte Formel-I-Pilot Helmut Marko in diesem Metier. Bald gab es für Kartnig, der zu seinen Anfangszeiten auch Plakatflächen von Bauern nach Verhandlungen „auf Biegen und Brechen" erwarb, darauf Tafeln teilweise ohne Genehmigung aufstellte, Geldstrafen in Kauf nahm, nur um „vor Ort zu sein", einen Großauftrag der steirischen SPÖ – so wurde alles aufgebaut. Und nach der Haftstrafe ging es doch weiter – Kartnig ließ sich nicht bremsen, zahlte schließlich alle Schulden, inklusive der beim Finanzamt, bis auf den letzten Groschen zurück. Dazu musste er auch sein erstes Haus verkaufen – zum Neubeginn war er in einem rostigen VW unterwegs. Darum empfindet er es heute als nicht mehr ganz fair, wenn man ihn auf diesen dunklen Punkt hinweist: *„Ich hab' die Lehren aus diesem Blödsinn gezogen, kann und werde diese Zeit nie vergessen!"* Die Lehren hießen: Keine Schulden mehr machen, nur mehr das leisten, was man sich leisten kann, alles gleich cash bezahlen! Ein Motto, an das er sich in späteren Jahren auch als Präsident im Eishockey und Fußball hielt: *„Heute könnte mir so etwas sicher nicht mehr passieren. Da würde ich mir das alles nicht kaufen, wenn ich es mir nicht leisten kann. Vielleicht war das Pech in meinem Leben sogar ein Glück!"*

Der erste geschäftliche Besuch nach der Haft führte Kartnig nach Wien in den dritten Bezirk zu Rappels Firma. Der erinnert sich: *„Er kam herein und sagte einfach: Melde mich von einem Erholungsurlaub zurück!"* Aber Rappel bemerkte, dass Kartnig nach seiner Haft doch gut drei Jahre lang noch etwas „unter Schock" stand. Zwei Jahre nach dem Sündenfall erregte Kartnig aber in Graz bereits wieder Aufsehen – diesmal als eine Art positiver Paradiesvogel. Durch seine extravaganten und teilweise auch schönen Anzüge. Bekannt machten ihn auch seine Reisen um die halbe Welt. Der „Kaiserhof" und das „Operncafé" waren sein Revier und blieben es bis heute: *„Ich bin ein Mensch, der mindestens eine Stunde am Tag lachen muss. Und wenn ich nichts zum*

Lachen finde, dann gehe ich ins Kaffeehaus und lass' mich dort anlügen!"

Für ein Schlüsselerlebnis sorgte Anfang der Achtzigerjahre der Leiter der Raiffeisenkassa in St. Peter. Den lernte Kartnig in der Sauna kennen, der überredete Kartnig beim Schwitzen, auf seiner Bank ein Konto zu eröffnen. Eines Tages stellte Kartnig einen Scheck über eine Million aus, ohne dafür die entsprechende Deckung zu haben – aber nur als Test. Pflegerl verlor beim nächsten Treff kein Wort darüber. Schwieg auch, als Kartnig den Test fast dramatisch erweiterte und einen weiteren Scheck über eine Million und sogar einen über zweieinhalb ausstellte. In der Sauna sagte dann Kartnig, im Glauben, dass Pflegerl irgend etwas übersehen haben könnte, zu ihm: *„Sie haben mir jetzt 4,5 Millionen ohne Sicherheiten gegeben!"* Pflegerl antwortete mit einem Satz, der Kartnig damals sehr gut tat: *„Ich weiß, dass ich von ihnen das Geld verlässlich zurückbekommen werde!"* Kartnigs Geständnis: *„Damit hat er mich endgültig g'fangt!"* Bis heute sind die Kartnig-Konten auf der Raiffeisenkassa in St. Peter. Und auch die von Sturm ...

1981 enstand statt der Kartnig-Werbung auch mit Rappels Hilfe die „Perspektiven-Ankündigungs-Ges.m.b.H. und Kommanditgesell-

Das Operncafé in Graz – dort lässt sich der Sturm-Präsident gerne anlügen ...

Vom Sündenfall relativ rasch erholt – sechs Jahre später saß Kartnig im „Dubai International" in der Suite der Boxlegende Muhammad Ali. Bei der Einladung in die Emirate durfte natürlich auch die Bauchtänzerin nicht fehlen – da war der Werbezampano ganz in seinem Element.

Im Februar 2000 flog Kartnig wieder nach Dubai – da bezog er mit seiner Evelyn in einer Suite des einzigen Siebensternehotels der Welt, des „Burj el Arab“, Quartier.

schaft“. Die begann mit 1,5 Millionen Schilling Umsatz im Jahr. Kartnig zählte damals auch zu den Stammgästen in den Klatschspalten der Zeitungen, speziell in den „Murnockerln“ der „Steirer-Krone“. Weil er seine Geschäftspartner öfters zu Traumurlauben vergatterte. Zuerst Kenia, ein Jahr später, 1982, in die Vereinigten Arabischen Emirate nach Sharjah und Dubai. Er veranstaltete ein internes Preisausschreiben und lud 20 Gewinner einfach in den exklusiven und sündteuren „Marbella Club“ von Sharjah ein. Das kostete schon damals ein Vermögen. Also konnte er sich sechs Jahre nach der „Jugendsünde“ schon wieder sehr viel leisten.

Daher ließ er es nicht „nur“ bei der Einladung bewenden, sondern organisierte fast täglich Programme. Von Fahrten in die Luxushotels am Jumeira-Strand bis zur Wüstensafari und dem Besuch der Tina-Turner-Show im „Dubai International“, wo er zum Schrecken der Rocklady beinahe im Tanzschritt die Bühne geentert hätte. Absoluter Höhepunkt war aber das Kennenlernen von Boxchampion Muhammad Ali – Kartnig und seine Partie landeten bei einer Privatparty in der Hotelsuite des „Größten“. Und so nebenbei bemühte sich Kartnig gleich um die Werberechte des im Planungsstadium befindlichen Formel-I-Grand Prix von Dubai, die damals an die 50 Millionen Schilling kosteten. Er sorgte eben schon immer für Gesprächsstoff.

1982 in Dubai war Kartnig schon Steiermarks zweitgrößter Plakatierungsunternehmer. Als er 1999 wieder nach Dubai in den Urlaub flog (da logierte er mit seiner Evelyn im einzigen Siebensternehotel der Welt, dem mondänen „Burj el Arab“, genehmigte sich dort eine Suite um rund 15.000 Schilling pro Tag), war er die Nummer eins der privaten steirischen Plakatierungsfirmen, die Nummer vier in Österreich mit inzwischen 120 Millionen Jahresumsatz, prominenten und großen Kunden (siehe Kasten) sowie 4000 Plakatflächen mit über 40.000 Quadratmetern quer durch Österreich.

So schließt sich der Kreis. 2000 war Österreichs Trainerlegionär in Dubai, Ex-Teamchef Josef Hickersberger, beim Kaffeetrinken in der „Burj el Arab"-Suite Kartnigs, seines „Werbemanagers" aus der Zeit vor und während der WM 1990 vom Luxus überwältigt. 1982 hatte Kartnig in Dubai schon seinen ersten ganz großen Coup in der Fußballszene im Hinterkopf.

DIE WICHTIGSTEN KARTNIG-KUNDEN

Austria Tabak-Werke
Kronen-Zeitung
Kleine Zeitung
Porsche Austria
Mercedes
Lutz-Möbel
Raiffeisen-Bank
Max Mobil
Brau Union
Lugner
Neff
Alle politischen Parteien Österreichs

Die Brau Union zählt zu den wichtigsten Kunden der Kartnig-Firma, Puntigamer ist Sturms Hauptsponsor: Anstich des Meisterbräus durch Ehrenbrauer Kartnig im Schwarzenegger-Stadion. Nicht ganz ohne Probleme.

Der erfüllte Jugendtraum: Die ganze Liga nur für Hannes

Der erste große Coup in Sachen Fußball, der Hannes im Hinterkopf herumspukte, war die erste österreichische Hallenmeisterschaft. Bis dahin hatte er mit seiner Perspektiven-Werbung Betriebshallenturniere, ja sogar Betriebsskimeisterschaften organisiert – aber jetzt sollte es der große Coup werden. Und dabei bediente sich Kartnig der Hilfe und des Rats jenes Manns, bei dem er sich dreizehn Jahre zuvor um ein Autogramm angestellt hatte: Heinz Schilcher.

Den ersten „geschäftlichen Kontakt" zwischen Kartnig und Schilcher hatte es schon während der Legionärszeit von Schilcher bei der Startruppe Ajax Amsterdam 1972 gege-

„Vorbereitung" auf den ersten Coup in der Fußballszene: Kartnig (ganz links) organisierte Betriebsskimeisterschaften und die Siegesfeiern dazu, überreichte Pokale nach Betriebshallenturnieren.

Als Heinz Schilcher mit Ajax-Star Johan Neeskens (rechtes Bild) zum Heimaturlaub nach Graz kam, gab's den ersten geschäftlichen Kontakt mit Hannes Kartnig. Als Schilcher später im Ajax-Dress gegen Real Madrid im Europacup spielte, saß Kartnig in Amsterdam auf der Tribüne. Die Karten hatte Schilcher besorgt.

Die Erfolgstruppe von Ajax Amsterdam Anfang der Siebziger Jahre – Heinz Schilcher ist in der oberen Reihe der fünfte von links. In der unteren Reihe der zweite von links: der jetzige Austria-Sportdirektor Arie Haan.

derGrazer

Sport 45

Zwei Grazer in der BRD Schilcher/Kartnig

Scheuten kein Risiko: Heinz Schilcher, der die Hallenliga sportlich ausrichtet, und Hannes Kartnig (kl. Bild), der für die Finanzen sorgt.

Es rollen 20 Millionen!

Man hat ihn bekämpft, belächelt, verhöhnt – aber er ließ sich nicht brechen. Unbeirrbar arbeiteten Hannes Kartnig und sein sportlicher Berater, Heinz Schilcher, am vorerst „utopischen Projekt" Hallen-Europaliga. Jetzt steht diese!

Die Hallenliga war seine Idee – er hat sie geboren und mußte diese wieder beerdigen. Weil Klubs, zum Beispiel **Sturm,** im heurigen, vergangenen Winter von der ÖFB-Hallenmeisterschaft nichts mehr wissen wollen, konnte nur kurz in den Hallen „getanzt" werden. **Hannes Kartnig** und sein Hallenfußballpartner **Heinz Schilcher** paßten – und blickten ins Ausland, um erstmals in der Geschichte des Fußballs eine **Hallen-Europaliga** auf die Beine zu stellen. Und es gelang: Die Hallen-Europaliga, getragen von zwei Grazern, organisiert mit deutschen, holländischen, belgischen, schweizerischen, französischen und österreichischen Spitzenklubs, wird am 3. Jänner 1987 in Wien (Stadthalle) gestartet. Das sind die Spielorte:

Wien (3./4. Jänner '87)
Dortmund (5./6. Jänner '87)
Zürich (10. Jänner '87)
Paris (11./12. Jänner '87)

Und die Besetzung der Hallen-Europaliga kann sich sehen lassen: Aus Deutschland starten **Werder Bremen** mit **Bruno Pezzey, Dortmund,** aus Belgien der Abonnementmeister **Anderlecht,** aus Holland kommt **Ajax,** aus Zürich die **Grasshoppers,** aus Paris **St. Germain** und schließlich unsere Spitzenklubs **Rapid** und **Austria.**

Ein 20-Millionen-Ding, ohne Zweifel, wobei mit **Kuoni** und **McDonald's** bereits zwei Großsponsoren, so Kartnig, zugesagt haben. Und da das gesamte TV an eine Privatgesellschaft verkauft wurde, die wiederum einen Vertrag mit der **Eurovision** in der Tasche haben will, werden pro Kopf diese Hallen-Europaliga-Mäzene nicht weniger als 5 Millionen Schilling auf den Tisch legen. Zwei weitere Sponsoren sollen das Grundbudget

16 Teams kassieren 4,2 Mio.

WIEN. Die Verantwortlichen für die erste österreichische Bundesliga-Hallenfußballmeisterschaft präsentierten am Donnerstag in Wien den „Fahrplan" dieser Europapremiere. 16 Mannschaften (zwölf Erst- und vier Zweitdivisionäre) werden in zwei Vorrundengruppen um die Finalbeteiligung (die ersten drei Teams jeder Gruppe steigen auf) kämpfen.

Die Gesamtkosten belaufen sich auf rund 7,5 Millionen Schilling, davon 4,1 Millionen Schilling an Start- und Preisgeldern. Das Startgeld für jeden Erstdivisionär beträgt 100.000 Schilling. Für jeden Punkt gibt es 10.000 Schilling. Jeder der beiden Gruppensieger erhält zusätzlich eine Prämie von 50.000 Schilling und jeder Verein ein Übernachtungspauschale von 15.000 Schilling.

Die Dotation für die Finalrunde (Platz 1–6): 150.000, 100.000, 80.000, 40.000, 30.000 und 20.000 Schilling).

Hallenliga als Fest für Nachbarländer

71 Spiele um 4,18 Millionen Schilling Prämien

SPORT — Donnerstag, 25. Oktober 198

Hallenzauber mit Topstars!

Europapremiere um 7,5 Millionen: Risiko Hallenmeisterschaft – Vereine verdienen

Erste Hallenfußballmeisterschaft kostet 7,5 Millionen Schilling:

Um Prestige und viel Geld

VON HERIBERT BENESCH

Zwei junge Grazer, der Exinternationale Heinz Schilcher und der Werbefachmann Hannes Kartnig, hatten als erste die Idee, und weil sie auch die nötigen Geldgeber fanden, wird es vom 15. Jänner bis 5. Februar zum erstenmal eine österreichi-

Komitee geben. „Das werden wir angesichts der Prämien nicht brauchen", glaubt Bundesligavorsitzender Reitinger und sieht in dieser neugeschaffenen Konkurrenz „eine gute Sache zur Überbrückung der

7,5-Millionen-Budget für Hallenfußballmeisterschaft

Die Austria-Hallenkönige machten erst beim zweiten Anlauf mit – aber trotzdem gab's leere Hallen. Mit Sponsoren hielt sich der Verlust aber in Grenzen.

ben: Damals nahm Schilcher den berühmten Johan Neeskens zum Weihnachtsurlaub in die steirische Heimat mit. Die Ajax-Stars machten beim traditionellen Prominenten-Hallenkick des Grazer Sportgeschäftsbesitzers Burli Werdinig mit – Werbemann Kartnig erklärte sich bereit, für beide Geschenke aufzutreiben. An die sich Schilcher noch 29 Jahre später genau erinnern kann: *„Schischuhe waren's, die nicht richtig gepasst und weh getan haben."*

Elf Jahre nach dem ersten geschäftlichen Kontakt Kartnigs und Schilchers ging die erste österreichische Hallenmeisterschaft, die auch eine Europapremiere bedeutete und insgesamt 7,5 Millionen Schilling kostete, in Szene. In Wien, Graz, Klagenfurt, Innsbruck und Linz. Die von den Medien teilweise boykottiert wurde, weil sie in Konkurrenz zu den von ihnen unterstützten Traditionsturnieren in der Wiener Stadthalle und in Graz stan-

Joschi Walter – Kartnigs ganz großes Vorbild. Bei der ersten Hallenmeisterschaft ließ der 1992 viel zu früh verstorbene „Mister Austria“ Kartnig noch zappeln, bei der zweiten musste Kartnig für die violetten Hallenkönige 1,2 Millionen Schilling Startgeld auf den Tisch legen. Walter machte immer gute Figur, egal ob vor den TV-Kameras oder im Frack mit charmanter Begleitung am Wiener Opernball. Viele Jahre später wandelte Kartnig auf Walters Spuren.

Via Hallenmeisterschaft auch ÖFB-Generalsekretär Alfred „Gigi“ Ludwig kennengelernt – der Kontakt ist bis heute bestens. Ludwigs Meinung zu brisanten Themen, die Sturm und ihn betreffen, hört sich Kartnig immer gerne an.

den. Aber Kartnig und Schilcher, der damals für den Sportartikelriesen Adidas arbeitete, zogen alles durch. Die 16 Teilnehmer konnten an Start- und Preisgeldern vier Millionen verdienen. Kartnig hatte auch die Progress-Werbung und die Agentur Rappels ins Boot geholt. Anfangs trieb man zu dritt (den zweiten Anlauf organisierten nur noch Kartnig und Rappel, der einmal den ganz großen Eklat verhinderte, als einen Tag vor dem Turnier die alte Grazer Liebenauhalle für Kartnig gesperrt wurde) potente Sponsoren wie den Reiseveranstalter Kuoni und Coca-Cola auf. Und deshalb gab es keinen Finanzcrash. Kartnig fuhr damals, wie sich Rappel erinnert, selbst mit dem LKW quer durch Österreich, um Werbeständer für den Bandenzauber aufzustellen. Und er blieb trotz teilweise leerer Hallen bewunderswert gelassen. Journalisten konnten es nicht fassen, dass sie Kartnig bei Spielen, die teilweise unter Ausschluss der Öffentlichkeit, wie in Innsbruck oder auch beim Finale im Wiener Dusika-Hallenstadion, stattfanden, mit einem breiten Lachen auf der Tribüne sahen. Kartnig klärte das auf: *„Heute geht ein Jugendtraum von mir in Erfüllung. Die ganze Bundesliga spielt nur für mich!"*

Kartnig hatte aber sein Ziel erreicht, sich damit im Fußball einen Namen gemacht und wichtige Leute in der Szene kennengelernt. Wie etwa den damaligen Ligachef Hans Reitinger, seinen damaligen Sekretär Reinhard Nachbagauer, jetzt Ligavorstand (*„... die waren anfangs sehr vorsichtig und skeptisch, die haben geglaubt, ich bin deppert"*), ÖFB-Generalsekretär Alfred „Gigi" Ludwig am Beginn seiner Karriere (*„Schilcher und er sind die besten Manager in Österreichs Fußball, bei ihnen muss sich jeder Präsident alle Finger abschlecken"*) oder sein großes Vorbild, den „Mister Austria" Joschi Walter. Der auch ein beinharter Geschäftsmann war, der mit einem verbindlichen Lächeln „Nein" sagen konnte. So fehlte die Austria bei der ersten Hallenmeisterschaft, machte erst bei der zweiten mit. Kartnig: *„1,2 Millionen haben wir bezahlen müssen, damit die Austria überhaupt mitspielt. Das gleiche bei Rapid!"* Kartnig erwarb sich damals den Ruf des verlässlichen Zahlers, der zu seinen Zusagen stand.

Aber mit den zwei österreichischen Hallenmeisterschaften war der Kartnigsche Ehrgeiz nicht wirklich gestillt. Er hatte sich in den Kopf gesetzt, den ersten europäischen Hallenzauber mit Spitzenklubs wie beispielsweise Bayern, Paris St. Germain, Ajax und Anderlecht zu organisieren. Ab 1984 fuhren Kartnig und Schilcher quer durch Europa, verhandelten in Wien, München, Genf, Paris, Amsterdam, Dortmund, Rotterdam und Brüssel, lieferten auf der Tour auch einige Storys, die nicht ganz jugendfrei waren. Zwischenfälle blieben nicht aus: Einmal fuhr Kartnig am Weg von Brüssel nach Holland über Rand-

Da trug er noch nicht Zopf: Holland-Legionär Schilcher mit seinen riesigen Hunden.

steine – ein „Patschen" war die Folge. Aber weder Kartnig noch Schilcher waren damals in der Lage, einen Reifen zu wechseln (daran hat sich bis heute nichts geändert). Bis sie endlich fluchend, praktisch nur auf drei Rädern, im Schneckentempo zu einer Tankstelle kamen, dauerte es einige Zeit.

Mitunter hielt Schilcher auf der Europatour die Kartnigschen Gedankensprünge nicht aus. Zweimal drohte er trotz eisiger Kälte: *„Jetzt hab' ich genug, steig sofort aus dem Auto aus, geh' zu Fuß weiter!"* Irgendwie diskutierte und raufte man sich dann aber doch zusammen – Geschichten, die sich auch noch mehr als zehn Jahre später als Präsident und Manager bei Sturm wiederholen sollten.

Bei der Europameisterschaft 1984 in Frankreich gab es übrigens den ersten Treff zwischen Kartnig und Ivica Osim – Schilcher stellte Kartnig seinem ehemaligen Mitspieler bei Strasbourg, der zum Trainerteam rund um Jugoslawiens EM-Truppe gehörte, vor. Beide nahmen damals noch nicht viel Notiz voneinander ...

Unvergesslich aus der damaligen Zeit ist Schilcher auch eine stundenlange Kartnig-Einkaufstour quer durch Paris. Kartnig war im Taxi unterwegs, Schilcher wartete im Hotel. Auf einmal tauchte Kartnig aufgeregt auf: *„Wir müssen das Taxi verfolgen und finden!"* Was war passiert? Kartnig war zur Shopping-Tour im Taxi unterwegs gewesen, kaufte insgesamt Sakkos, Hemden, Hosen und Schuhe im Wert von 70.000 Schilling, was damals viel Geld war, ein. Nur noch eine Krawatte sollte es sein – er wusste genau, welche in welcher Nobelboutique. Kartnig dirigierte das Taxi dorthin, ließ es, wie es seine Art war, vor dem Geschäft warten – die teuren Einkäufe lagen auf dem Rücksitz. Als Kartnig mit der Krawatte in der Hand herauskam, war aber das Taxi fort. Der Betrogene und Bestohlene schrie Zeter und Mordio, enterte zwar sofort ein neues Taxi, wollte eine halsbrecherische Verfolgungsjagd starten, die aber bald versandete. Also ab zu Schilcher ins Hotel, weiter zur Polizei. Die aber nur widerwilligst die Anzeige aufnahm – Kartnig war eines der vielen Opfer von tausenden Piratentaxis in Paris geworden. Dessen Lenker hatte nur darauf gewartet, bis die Beute möglichst groß war. Die Chance ihn zu finden, war gleich null. So blieb von einer stundenlangen Einkaufstour nur eine schöne Krawatte übrig.

Wegen des Pariser Taxiraubs kamen Schilcher und Kartnig an diesem Tag übrigens erst zur Pause zum EM-Spiel Dänemark gegen Jugoslawien nach Lens. Da führten die Dänen bereits 3:0. Paris sollte übrigens auch noch 16 Jahre später, vor dem Champions League-Finale Real Madrid gegen Valencia, für Kartnig ein heißes Einkaufspflaster mit glühenden goldenen Kreditkarten sein. Doch darüber später ...

Im Herbst 1985 schien Europas Hallenliga bereits Realität zu werden. Es gab fixe Absprachen mit den Klubs, „nur" die unterschriebenen Verträge fehlten. Schilcher ist noch heute überzeugt, dass Kartnig das Projekt indirekt zum Scheitern brachte, weil er nicht länger schweigen konnte. Er verriet dem Buchautor, den er damals im Münchener Olympiastadion beim Schlagerspiel Bayern München – Werder Bremen eher zufällig traf (ich war damals wegen einer Story über Bruno Pezzey bei Bremen in München), dass die europäische Hallenliga ab Jänner 1987 mit Start in Wien und dann in Dortmund, Zürich und Paris praktisch fixiert werden konnte, mit Bayern, Bremen, Dortmund, Anderlecht, Ajax Amsterdam, Grasshoppers Zürich, Paris St.Germain, Austria und Rapid.

Am nächsten Tag stand dies prominent in der „Krone". Die Meldung wurde europaweit übernommen – und plötzlich begann sich vorher nicht vorhandener Widerstand zu regen. Die Klubs verlangten mehr Geld, Bayerns Manager Uli Hoeneß machte seine Zusage wieder rückgängig. Vor allem legte sich Europas Fußballunion, die UEFA, plötzlich vehement quer. Ein untrügliches Zeichen für Kartnig und Schilcher, alles wieder zu vergessen. Damit waren alle Hallenambitionen gestorben. Obwohl zwei Millionen in die Vorbereitung bereits investiert waren. Die Unterlagen aus dieser Zeit hat Kartnig nicht aufgehoben: *„Ich hab' das ganze Zeug weggeschmissen!"* Aber dank Schilcher bekam er damals erstmals den Zugang zu Europas großer Fußballwelt, lernte in Amsterdam Johan Cruyff näher kennen. Und dessen Schwiegervater Cor Coster, in der Managersszene eine große Figur: *„Ein durch und durch seriöser Herr. Der streckt dir sogar das Geld für einen Spieler vor, wenn du flach bist. So etwas ist selten. Ein alter, toller Mann!"*

Dank der Schilcher-Verbindungen glaubt Kartnig sogar, dass Johan Cruyff Sturm aushelfen würde, *„wenn einmal irgend etwas Unvorgesehenes mit Osim passiert und wir in Trainernot sind. Der Heinz würde das zusammenbringen!"* ...

Vor der Cheops-Pyramide

Mit dem Hallen-Kapitel hatte sich der erste Teil des steirischen Kartnig-Traums erfüllt: Er war in der Fußballszene allen ein Begriff geworden. Klar, dass er auch dem VIP-Club der Nationalmannschaft beitrat, fast alle Reisen zu den Auswärtsspielen des Teams mit- und durch „unvergessliche Ansagen" auf sich aufmerksam machte.

Etwa im Mai 1984, beim WM-Qualifikationsspiel Österreichs auf Zypern. Als Kartnig dort trotz Temperaturen um die 25 Grad in der Hotelhalle den damaligen ÖFB-Vizepräsidenten Walter Zips mit schwarzer Flanellhose und grauem Flanellsakko mit riesigem, weißen ÖFB-Abzeichen erblickte, konnte er sich vor Lachen nicht zurückhalten, rief quer durch die Halle: *„Bist du deppert! Herr Präsident, wenn ich mir jetzt eine Zigarette anzünd' und ein Funken fliegt zu Ihnen rüber, macht's zisch – und Sie stehen nur noch im Tanga da. Is' ja alles nur Plastik!"* Und alle Zuhörer bogen sich vor Lachen ...

Aber Kartnig drängte es damals schon zu Sturm. Die Klubführung brachte Mitte der Achtzigerjahre nichts Entscheidendes weiter – daher wollte Kartnig in leitender Position mithelfen, das abzustellen und zeigen, wie man etwas bewegt. Aber da rannte er gegen Mauern, obwohl er im Winter 1985 Sturm nur als ganz normales, aber doch „verrücktes Mitglied" ein komplettes Trainingslager an der Algarve in Portugal finanziert hatte, wozu der Verein damals nicht in der Lage war. Der Sturm-Trainer war damals ein Portugal-Experte. Sein Name: Hermann Stessl, zuvor und nachher unter anderem Meistermacher der Wiener Austria und auch Trainerlegionär in Portugal. Auch beim berühmten FC Porto ...

Aber trotzdem ließ man Kartnig vorerst bei Sturm nichts werden: *„Man hat mir die Vergangenheit vorgehalten, die Vorstrafe, den Konkurs. Für die entscheidenden Leute galt ich als ein Mensch anderer Güte, weil ich ein Pleitier war!"* Damit meint Kartnig unter anderem Ex-Präsident Franz Gady, der damals im Hintergrund als „graue Eminenz" noch immer die Fäden zog. Im November 1985 musste Kartnig in der „Kleinen Zeitung" folgenden Vorwurf vom damaligen Obmann Alois Paul, dem Besitzer eines Autohauses, lesen: *„Grundsätzlich finde ich eine Opposition immer gut, motivierend und belebend – wenn sie ordentlich und fair ist. Im konkreten Fall handelt es sich wohl nur um eine Person, die nicht fair in Opposition trat, die sich nur selbst in den Vorstand*

Das Wintertrainingslager 1985 an der Algarve hätte Sturm nicht zahlen können – das übernahm Sturm-Fan Kartnig. Dafür durfte er einige Male mittrainieren (oben).

Abends wurde dann mit dem damaligen Trainer Hermann Stessl auch gut gegessen und getrunken.

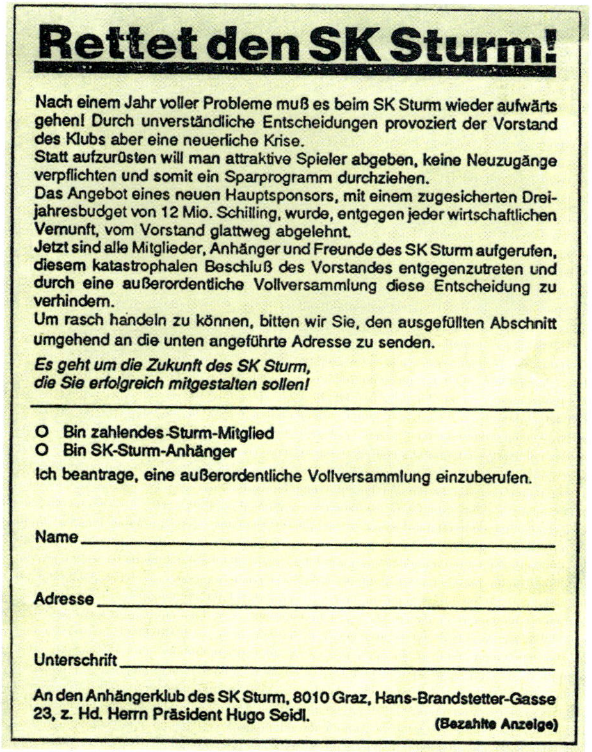

Rettet den SK Sturm!

Nach einem Jahr voller Probleme muß es beim SK Sturm wieder aufwärts gehen! Durch unverständliche Entscheidungen provoziert der Vorstand des Klubs aber eine neuerliche Krise.
Statt aufzurüsten will man attraktive Spieler abgeben, keine Neuzugänge verpflichten und somit ein Sparprogramm durchziehen.
Das Angebot eines neuen Hauptsponsors, mit einem zugesicherten Dreijahresbudget von 12 Mio. Schilling, wurde, entgegen jeder wirtschaftlichen Vernunft, vom Vorstand glattweg abgelehnt.
Jetzt sind alle Mitglieder, Anhänger und Freunde des SK Sturm aufgerufen, diesem katastrophalen Beschluß des Vorstandes entgegenzutreten und durch eine außerordentliche Vollversammlung diese Entscheidung zu verhindern.
Um rasch handeln zu können, bitten wir Sie, den ausgefüllten Abschnitt umgehend an die unten angeführte Adresse zu senden.

Es geht um die Zukunft des SK Sturm,
die Sie erfolgreich mitgestalten sollen!

O Bin zahlendes Sturm-Mitglied
O Bin SK-Sturm-Anhänger

Ich beantrage, eine außerordentliche Vollversammlung einzuberufen.

Name ____________

Adresse ____________

Unterschrift ____________

An den Anhängerklub des SK Sturm, 8010 Graz, Hans-Brandstetter-Gasse 23, z. Hd. Herrn Präsident Hugo Seidl.

(Bezahlte Anzeige)

Kartnigs bezahlte Anzeige in Grazer Zeitungen zur Rettung Sturms – auf Konfrontationskurs.

katapultieren will, um am Verein mitzupartizipieren. Das ist für mich aber dann kein Funktionär. Vor allem, wenn es ein Mann ist, der zuvor mit einem Geschäft Pleite gemacht hat!"

Gemeint war Kartnig, der den Artikel bis heute aufgehoben hat, dem zu Paul nichts Gutes einfällt: *„Damals hat er gegeigt, heute ist er selbst flach. Der wird in die Sturm-Geschichte als erster Obmann und Präsident eingehen, der in seiner Ära arbeitslos war!"* Aber „Bulle" Kartnig ließ sich nicht mehr bremsen.

1989 schien die Zeit zur Machtübergabe an Kartnig reif. Der hatte Aufrufe wie „Rettet den SK Sturm" in Zeitungen via bezahlter Anzeige veröffentlicht, versprach mit den „Neff-Haushaltsgeräten" einen neuen Hauptsponsor, der in drei Jahren 12 Millionen Schilling bezahlt hätte, dies via Bankgarantie von der Volksbank unterstrich, weil der „amtierende" Hauptsponsor , die „Raika", bezweifelt hatte, dass „Neff" so viel investieren könnte. Vor der Sturm-Generalversammlung am 5. Juli 1989 im Brauhaus Puntigam sprach alles für Kartnig. Der damalige Trainer Otto Baric hielt ein Plädoyer, dass man an einem Mann mit Visionen und Investitionsbereitschaft wie Kartnig nicht vorbeigehen sollte. Im Saal hatte Kartnig fast die absolute Mehrheit. Aber dann zauberte der Gegenkandidat, der damalige FPÖ-Gemeindepolitiker Werner Mörth, hunderte Vollmachtstimmen hervor, mit denen er die Wahl gewann.
Unter anderem von Gady oder auch vom früheren Sturm-Kapitän Manfred Steiner, mit dem Kartnig zuvor immer gut war: *„Der hat mich am meisten enttäuscht!"* Die nummerierten Vollmachten für Mörth hat Kartnig noch jetzt in seinem Büro, im Wandschrank aus Florenz, aufbewahrt. Wenn er einen Blick darauf wirft, dann steigt in ihm noch immer der Zorn hoch, wird er etwas laut: *„Da sind Leute darunter, die mir heute fast rund um die Uhr auf die Schultern klopfen. Nachschauen darfst da nicht. Keiner von denen, die gegen mich*

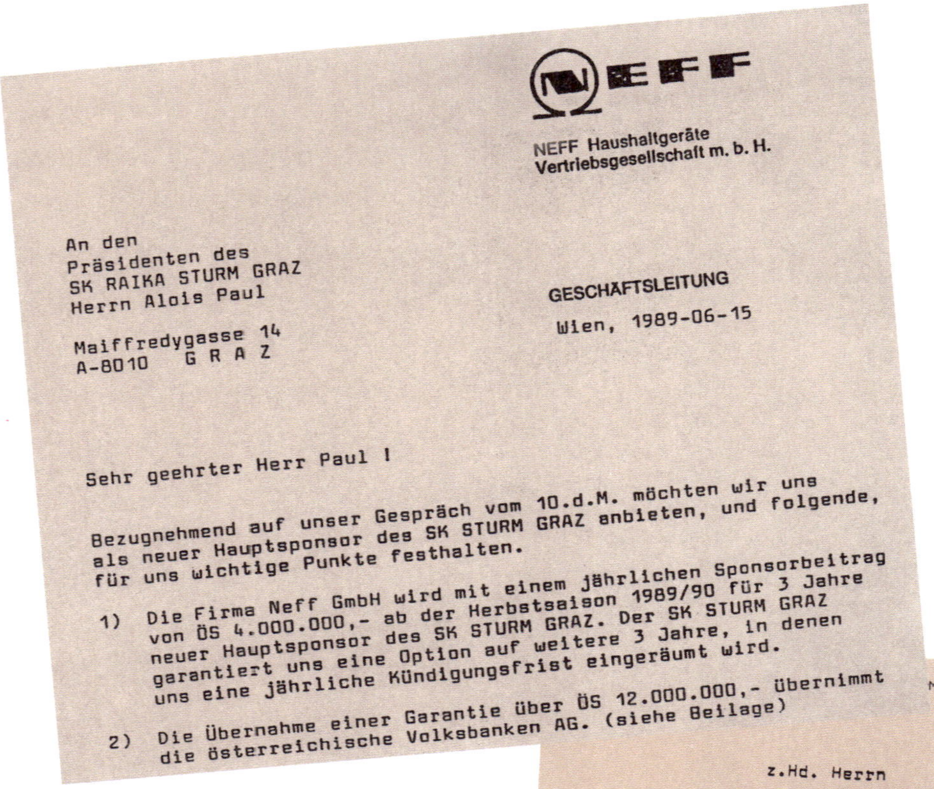

NEFF Haushaltgeräte
Vertriebsgesellschaft m. b. H.

An den
Präsidenten des
SK RAIKA STURM GRAZ
Herrn Alois Paul

Maiffredygasse 14
A-8010 G R A Z

GESCHÄFTSLEITUNG
Wien, 1989-06-15

Sehr geehrter Herr Paul !

Bezugnehmend auf unser Gespräch vom 10.d.M. möchten wir uns als neuer Hauptsponsor des SK STURM GRAZ anbieten, und folgende, für uns wichtige Punkte festhalten.

1) Die Firma Neff GmbH wird mit einem jährlichen Sponsorbeitrag von ÖS 4.000.000,- ab der Herbstsaison 1989/90 für 3 Jahre neuer Hauptsponsor des SK STURM GRAZ. Der SK STURM GRAZ garantiert uns eine Option auf weitere 3 Jahre, in denen uns eine jährliche Kündigungsfrist eingeräumt wird.

2) Die Übernahme einer Garantie über ÖS 12.000.000,- übernimmt die österreichische Volksbanken AG. (siehe Beilage)

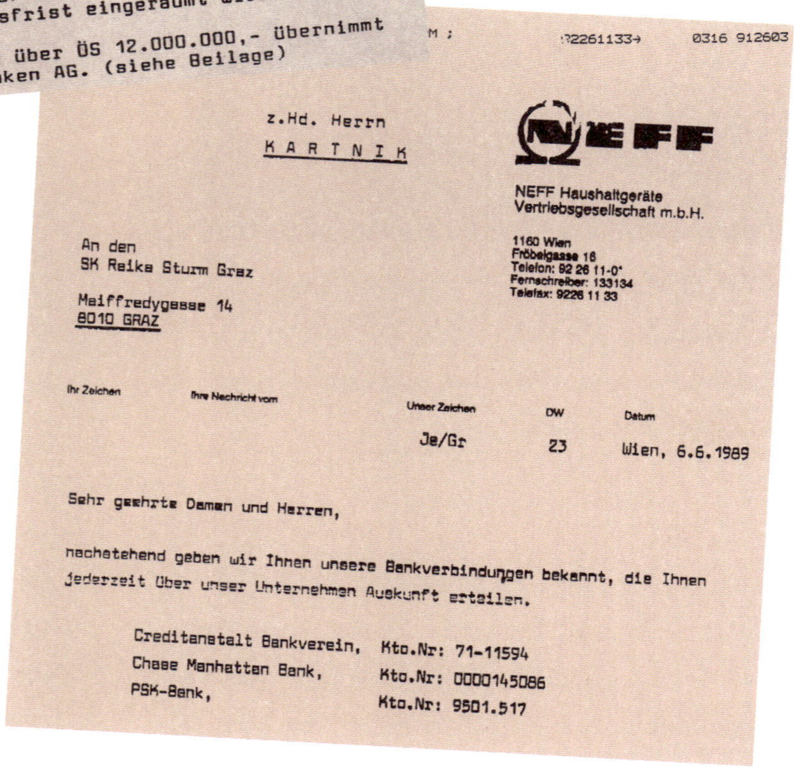

M : 322611334 0316 912603

z.Hd. Herrn
K A R T N I K

NEFF Haushaltgeräte
Vertriebsgesellschaft m.b.H.

1160 Wien
Fröbelgasse 16
Telefon: 92 26 11-0*
Fernschreiber: 133134
Telefax: 9226 11 33

An den
SK Raika Sturm Graz

Maiffredygasse 14
8010 GRAZ

Ihr Zeichen	Ihre Nachricht vom	Unser Zeichen	DW	Datum
		Je/Gr	23	Wien, 6.6.1989

Sehr geehrte Damen und Herren,

nachstehend geben wir Ihnen unsere Bankverbindungen bekannt, die Ihnen jederzeit über unser Unternehmen Auskunft erteilen.

Creditanstalt Bankverein,	Kto.Nr: 71-11594
Chase Manhattan Bank,	Kto.Nr: 0000145086
PSK-Bank,	Kto.Nr: 9501.517

Das von Kartnig vermittelte 12 Millionen-Angebot eines neuen Sponsors lehnte der Sturm-Vorstand glattweg ab, obwohl drei Banken gute Auskünfte erteilten. Dass sein Name damals falsch geschrieben wurde, traf Kartnig nicht so hart wie Sturms Nein.

Da gab's nichts mehr zu lachen. Auch Ex-Kapitän Manfred Steiner stimmte gegen Kartnig – von ihm war er am meisten enttäuscht.

waren, hat die Leistungen erbracht, die Fähigkeiten besessen, aus Sturm etwas zu machen, weil sie nie den Bezug zur Werbung und zum ganzen Geld hatten. Selbst haben's nichts hergegeben, Herz haben's auch keines gehabt, Sie wollten nur g'scheit in den Zeitungen reden. Sturm-Vorstandsmitglied zu sein, das war ja damals noch etwas!"

Ganz wollte Wahlsieger Mörth, der wegen der „Vollmachtsaktion" doch unter Druck stand, aber nicht auf Kartnig verzichten. Also versuchte er ihn in seinen Vorstand zu holen. Einen Tag später erklärte Kartnig in einer zweieinhalbstündigen Vorstandssitzung, dass er entweder an die Spitze des Vorstands oder Stellvertreter werden möchte. Schließlich wurde sogar ein schriftlicher Vertrag über die Kooptierung Kartnigs in den Vorstand verfasst. Eine Woche später war Kartnig zweiter Vertreter von Obmann Mörth ...

Schon seit 1988 finanzierte Kartnig Walter Schachners Comeback in Österreich nach seiner erfolgreichen achtjährigen Italien-Zeit bei Cesena, Torino, Avellino und Pisa, indem er ihn in seiner Firma anstellte und Sturm zur Verfügung stellte. Schachners Erinnerung an damals: *„Er hat mich auch für seine Firma eingesetzt, das war mitunter recht lustig!"* In bleibender Erinnerung ist Schachner ein gemeinsamer Trip zum Hahnenkammrennen nach Kitzbühel. Da sollte außer Schachner auch Kartnig an einem Prominentenrennen im Zielhang der Streif teilnehmen. Schachner: *„Am Tag vor dem Rennen ließ der Hannes alle plötzlich wissen, dass er nicht fahren könne, weil seine Ski gestohlen wurden. Zufällig tauchten nach dem Rennen die Ski plötzlich wieder auf!"* Offenbar wollte sich Kartnig nicht in rasender Fahrt auf der Streif blamieren ...

Zuerst noch heitere Miene mit Obmann Mörth, bei der Generalversammlung im Brauhaus Puntigam ging's aber dann hoch her. Durch eine „Vollmachtsaktion" verlor Kartnig, wurde dann aber doch in den Vorstand kooptiert.

Vorstandssitzung am 6.7.1989
um 12.45 Uhr, im BH Puntigam

Hr.Mörth begrüßt die anwesenden Vorstandsmitglieder.
Man einigt sich, den um 13.00 Uhr erscheinenden Hr.Kartnig seine Wünsche und Vorstellungen anzuhören und sich später darüber zu beraten und zu entscheiden.
13.00 Uhr Eintreffen von Hr.Kartnig; er begrüßt den Vorstand und erläutert seine Vorstellungen.
3 Punkteprogramm: 1.) Direktorium von 5 Personen, wovon jeder ca. S 500.000,- in den Verein einbringen soll.
2.) Sponsorfrage
3.) Haftung des Vorstandes
Sollten diese Punkte erfüllt werden, würde er weiter Hr.Schachner und einen zweiten Spieler auf seine Gehaltsliste nehmen. Weiters könnte er sich einen zweiten Manager, Hr.Schilcher, zu Hr.Seneca vorstellen.
Hr.Mörth: Unsere Vorstellungen sehen etwas anders aus; bei uns ist jedes Vorstandsmitglied voll integriert; es entscheidet die einfache Mehrheit über alle Belange. Weiters wäre jedes Vorstandsmitglied bereit, über S 200.000,- die Haftung zu übernehmen.
Hr.Kartnig: Will eine deutliche Aufgabenaufteilung.
Hr.Mörth: Das geschied bei der konstituierenden Vorstandssitzung.

Protokoll zur konstituierenden Vorstandssitzung
am 14.7.1989, um 19.00 Uhr im BH Puntigam

Begrüßung durch den prov.Obmann, Hr.Mörth.
Hr.Ehrenpräsident Dr.Troger sen. übernimmt den Vorsitz und schlägt folgenden Wahlvorschlag vor:
Obmann: W.Mörth
1.Obmannstvtr.: Bgm.H.Walch
2.Obmannstvtr.: H.Kartnig
Die Wahl des Obmannes und dessen Stellvertreter erfolgte mittels geheimer Abstimmung, wobei der Wahlvorschlag bestätigt wurde.
Der neue Obmann, Hr.Mörth übernimmt den Vorsitz.

1989 gab´s in der „Gruab´n" nicht viel Schönes zu sehen – Trainer Otto Baric wollte neben dem von Kartnig finanzierten Italien-Heimkehrer Walter Schachner und Kartnig gar nicht hinsehen. Weil ihm keine Verstärkungen geholt wurden, tobte Baric, schlug vor Kartnig die Tür zu und hörte auf. Dass ihn Kartnig nicht zurückholte, überraschte damals Otto maximal ...

Als zweiter Obmannstellvertreter bezahlte er auch das Engagement des Argentiniers Jorge Diaz. Und sorgte rasch für einen neuen Trainer, als es mit Otto Baric über das Thema Verstärkungen einen Streit gab. Otto maximal tobte, schrie, dass er Montag mit einer Million Prozent Sicherheit nicht mehr trainieren werde, und schlug vor Kartnig die Tür zu. Da sagte der sich, dass er sich auch von einem arrivierten Trainerstar nicht alles gefallen lassen müsse: *„Ich wußte damals noch nicht, dass Baric so wie ich ein Häferl war, alles gar nicht so meinte!"* Baric erwartete eigentlich, dass Kartnig und Sturm einlenken werden – dazu kam's nicht. Kartnig holte rasch Gustl Starek zu Sturm. Dessen zweite Frage nach seiner Gage erzählt Kartnig noch immer gerne mit einem breiten Lachen: *„Was gibt's Münz'?"*

Kartnig und Starek verband eines: Sie waren begnadete Parksünder, stellten ihre Autos in allen möglichen Grazer Parkverbotszonen ab. Starek ging sogar einen Schritt weiter als Kartnig: Meist steckte er gleich eine Fünfhundertschillingnote zur Bezahlung der Parkstrafe hinter die Windschutzscheibe. Solche Ideen gefielen Kartnig, der auch die ehrliche, offene Art Stareks, der immer einen Schmäh auf den Lippen hatte, schätzte. Dennoch kam es mitunter zu Wickeln. Aber reden konnten die beiden immer miteinander. So, als sie sich nach einem Streit einmal zufällig im Grazer Casino trafen. Plötzlich kam Starek zu Kartnig: *„Entschuldigung, Herr Kartnig. Ich hänge etwas. Könnten Sie mir bitte aushelfen?“* Kartnig musste lachen und gab Starek 50.000 Schilling. Die der nach seinem nächsten größeren Gewinn noch an diesem Abend an Ort und Stelle wieder zurückzahlte.

Kartnigs Casinobesuche waren zu seinen „Glanzzeiten“ ein Erlebnis. Da gab es schon Abende, an denen er mit siebenstelligen Beträgen spielte, mitunter auch mit siebenstelligen Gewinnen heim ging. Damals engagierte er auch „Sklaven“, die ihm den Weg zwischen den Tischen frei hielten, damit er an drei oder vier gleichzeitig setzen konnte.

Gustl Starek wurde von Kartnig als Baric-Nachfolger geholt. Beide galten als begnadete Parksünder in Graz und Umgebung, wobei der schwarze Gustl Kartnig die Show stahl. Aber nicht deshalb gab es bald „Wickel“ zwischen beiden ...

Zu ähnlichen „Roulette-Exzessen“ neigt Sturm-Präsident Kartnig im Jahr 2001 nicht mehr: *„Mir fehlt die Zeit dazu!“*

Zurück zum kooptierten Vorstandsmitglied Kartnig: Die Sache bei Sturm entwickelte sich nicht so, wie er sich das vorstellte. Die „Sparefroh-Mentalität“ des restlichen Vorstands war nicht seine Welt. Er wollte immer mehr – das gelang ihm an einer anderen Front: Mit seiner Firma erwarb er gemeinsam mit der Progress-Werbung die Werberechte an der Nationalmannschaft für die WM-Endrunde 1990 in Italien. Die vom ÖFB-Präsidenten Beppo Mauhart, Generalsekretär Ludwig und Finanzreferent Fritz Wendl geforderte Bankgarantie bedeutete kein Problem – je sechs Millionen von Kartnigs Perspektiven-Ankündigungs-Ges.m.b.H. und der Progress-Werbung (hatte damals die Werberechte im Wiener Praterstadion). Ludwig über die ersten Eindrücke, die Kartnig bei ihm hinterließ: „Superbursch, Fußballnarr, vom Start weg sy*mpathisch mit einer gewinnenden Art,*

Kartnigs Casino-Touren waren früher legendär – heute hat er selten Zeit dazu. Mit seinen Spielern geht er aber nur zu Sponsorterminen an den Roulettisch ...

immer lustig. Mir gefiel vor allem seine positive Art! Die Floskel ‚... das geht nicht, das kann man nicht' existierte für Kartnig nicht."

So gelang es Kartnig, in der Chefetage des Fußballbunds die Bereitschaft für eine professionelle Vermarktung der Nationalmannschaft zu wecken. Seine Vergangenheit störte niemanden, *„... weil er immer korrekt war. Daher war uns das egal. Das durfte kein Hindernis sein. Denn er hat bei aller Eitelkeit, die er haben mag, erkannt, dass am Ende nicht er, sondern das Produkt am wichtigsten ist!"* So enstand ein Meilenstein einer neuen Vermarktungsschiene im ÖFB.

Schon im Vorfeld der WM sorgte Kartnig für Aufsehen, „provozierte" Michael Kuhn zu einem Stopplicht in der „Kronen-Zeitung" unter dem Titel „Rekord der Rekorde". Zum Vorbereitungsspiel in Ägypten hatte Kartnig Pin-Wände mit den von ihm und der „Progress" aufgestellten Werbepartnern (wie Neff, die Ottakringer Brauerei, Fiat, die Austrian Airlines) mitgenommen, um die Teamspieler davor fotografieren zu lassen. Aber mögliche Motive im Hotel oder beim Training gefielen ihm nicht – es musste etwas Besonderes sein. Der Ausflug des Teams zur berühmten 137 Meter hohen Cheops-Pyramide bot die beste Gelegenheit. Dass vor der Pyramide das Aufstellen von Werbetafeln und Fotografieren für Werbezwecke strengstens verboten war, störte Kartnig nicht im geringsten.
Auch nicht der orkanartige Wind. Drei Mann mussten die zusammensteckbaren Pin-Wände halten – die Aktion fiel aber Polizisten auf. Bevor die einschreiten konnten, waren die Fotos aber bereits geschossen. Zur Vorsicht verstaute Kartnig (*„... fast hätten's mich sogar verhaftet"*) die Werbetafeln nicht im Mannschaftsbus, sondern in dem der Journalisten und mitgeflogenen Fans. Als die Polizisten beim Wegfahren den Mannschaftbus kontrollierten, fanden sie keine „Neff"-Tafeln.

Im Kuhn-Stopplicht stand: *„Vier Minuten und 58 Sekunden, das ist der atemberaubende Sprintrekord hinauf zur Spitze der Cheops-Pyramide. Einen neuen Rekord stellte aber gestern Mittag im Schatten des ägyptischen Wahrzeichens der steirische Werbefachmann und Fußballfreak Hannes Kartnig auf: In Sekundenschnelle hatte er Werbetafeln mit dem Namen des neuen ÖFB-Hauptsponsors aufgestellt. Wer unsere Fußballer beim Sightseeing fotografieren wollte, musste nolens volens die Werbung für Küchengeräte mit aufs Bild bannen. Neben dem Nepp der fliegenden Händler also auch Neff am Fuße der Pyramiden. Der clevere Kartnig muss sein Geschäft ins Rollen bringen!"*

Für Österreichs WM-Lied „Insieme" engagierte Kartnig Weltstar José Feliciano und Etta Scollo. Den Teamchef „verkaufte" er exklusiv an die Ottakringer Brauerei. Deren

Statt bei Sturm landete die Firma „Neff" vor der WM 1990 auf Kartnigs Vermittlung beim Team als Hautsponspor – und blieb es bis heute. Zum Einstand gab's in der Wüste vor den Toren Kairos Neff-Werbefotos zu Füßen der berühmten Cheops-Pyramide. Mit Teamchef Josef Hickersberger, Andi Herzog, Andi Ogris und Gerhard Rodax. Kartnig (ganz links) dirgierte alles, bis die Polizei eingriff. Denn vor den Cheops-Pyramiden herrschte strenges Fotografier- und Werbeverbot.

Chef Engelbert Wenckheim war von Josef Hickersberger auch total begeistert. Etwa, als sich Hickersberger unter einem Ottakringer-Schirm im Salzburger Schnürlregen dem Zorn der Salzburger Fans wegen der Eliminierung des damaligen Salzburg-Idols Heribert Weber vor dem 3:0 über Ungarn im Lehener Stadion stellte – zuvor gab es im Teamhotel in Anif sogar eine Bombendrohung gegen den in Salzburg ungeliebten Teamchef.

Kartnig ließ sich den Hickersberger in Lebensgrösse mit Ottakringer-Leiberl und mit Ottakringer-Kapperl aus Pappendeckel einfallen – Wenckheim war begeistert. Auch von vielen Gesprächen mit „Hicke“ über Kultur, etc. Als Hickersberger zwei Monate nach der WM wegen der Megablamage gegen die Färöer-Inseln seinen Hut nahm, hatte auch Wenckheim genug, zog sich als Teamsponsor zurück – da konnte ihn auch Kartnig nicht mehr umstimmen.

Im WM-Quartier der Mannschaft, der „Villa Paggeria Medicea“ in Artimino oberhalb von Florenz, richtete Kartnig im altehrwürdigen Weinkeller ein großzügiges und nicht nur bei dieser WM einzigartiges Pressezentrum ein. Der Politprominenz, die auf Besuch kam, angefangen von Bundeskanzler Franz Vranitzky, Vizekanzler Josef Riegler oder Unterrichtsministerin Hilde Havlicek, drückte er für Fotos „Ottakringer“-Gläser in die Hand.

Auch Bundeskanzler Vranitzky und Unterrichtsministerin Havlicek entkamen Kartnig bei ihren Besuchen beim Team nicht – er drückte ihnen Biergläser der Ottakringer Brauerei, die er als Sponsor von Teamchef Josef Hickersberger gewonnen hatte, in die Hand.

Am Trainingsplatz in Artimino stellten er und Sohn Gerald, der den Perspektiven-Kombi mit allem Werbematerial nach Italien chauffiert hatte, Werbetafeln auf – auch das brachte Geld, führte dazu, dass die FIFA dies ab der WM 1994 streng untersagte. Beim offiziellen TV-Termin des italienischen Fernsehens RAI für die Spielerporträts, die vor den WM-Partien eingeblendet wurden, gelang es Kartnig, Toni Polster & Co mit Trikots aufnehmen zu lassen, auf deren Kragen „Neff" deutlich zu lesen war. Den damaligen Neff-Chef Jürgen Kegel ließ er am Flughafen in Florenz von einem gemieteten Rolls Royce abholen und ins Hotel führen. Am Ende waren die Aktionen für alle ein Erfolg: Der ÖFB kassierte 13,8 Millionen Schilling netto, Kartnig und die „Progress" verdienten bei den Provisionen, die ab zehn Millionen fällig wurden, auch mit ...

Unvergessen der letzte Abend nach dem frustrierenden Ausscheiden Österreichs im WM-Quartier. Die Spieler saßen zusammen, vor lauter Enttäuschung kam keine Stimmung auf. Für die sorgte der aus Florenz zurückkehrende Kartnig. Zunächst wurden einmal gemeinsam unter Führung von Andi Ogris die berühmten „Capri-Fischer" angestimmt, dann provozierten Ogris und Polster Kartnig so lange wegen der angeblich fehlenden Qualität seiner neuen Quattrophonie-Stereoanlage in seinem Mercedes, bis er die herausnahm und zu den Klängen des „Rasta-Man" von der Saragossa-Band auf volle Lautstärke aufdrehte. Da fuhren einige Funktionäre verschreckt in ihren Betten hoch, kamen mit verschlafenem Gesicht und im Pyjama aufgeschreckt in die Hotelhalle, um nachzuschauen, was sich denn da abspielte. Die Stimmung wurde so gut, dass Polster und Christian Keglevits schließlich auf den Kartnig-Mercedes sprangen und mit der Radioantenne Boogie tanzten. Da traf Hannes fast der Schlag.

Der Mercedes überstand die Tanzeinlage aber ohne Beule. Im Kartnig-Mercedes saß zur WM-Zeit bei der Fahrt zum Spiel gegen die USA außer Sportanwalt Christian Flick auch dessen Klient Weber. Als der Teambus mit Polizeieskorte an Kartnig Richtung Stadion vorbeifuhr, hängte der sich prompt an, fuhr hinter dem Teambus her – Weber legte sich aber sofort auf den Boden vor der Rückbank, verharrte fast zwanzig Minuten in der ungemütlichen Position, damit ihn die Teamspieler und Hickersberger nicht sehen konnten.

Jahre später wurden „Chauffeur" Kartnig und sein „blinder Passagier" Weber erbitterte Intimfeinde, als Weber bei Rapid auf der Trainerbank saß und Sturms größter Konkurrent war ...

Auspacken im WM-Quartier oberhalb von Florenz in Artimino. In der „Villa Paggeria Medicea" richtete Kartnig mit Sohn Gerald unter anderem im Weinkeller ein Pressezentrum ein. Auch mit dem Teamchef als „Pappfigur". Der Bus seiner Perspektiven-Werbung, war nicht zu übersehen.

Hannibal und die Elefanten

Kartnig als zweiter stellvertretender Obmann im Sturm-Vorstand, das ging nur ein Jahr gut. Dann hatte er genug. Weil die von Obmann Mörth eingeschlagene Vereinspolitik nicht die seine war: *„Rausgeekelt haben's mich in Wahrheit!"* Aber er bekam die Investitionen für Diaz auf den letzten Groschen zurück. Der Grazer Eiskönig Charly Temmel kratzte das Geld nach Kampf zusammen. Heute macht sich Temmel auch als Besitzer des führenden Eissalons am kalifornischen Venice-Beach von Santa Monica einen Namen. Und als Geschäftsführer des dortigen In-Restaurants „Schatzi on Main". Dessen Besitzer heißt Arnold Schwarzenegger.

Kartnig kennt den ehemaligen „Mister Universum" und jetzigen Mega-Star Schwarzenegger, den wohl berühmtesten Steirer und Österreicher in den Vereinigten Staaten, nach dem das neue Grazer Stadion benannt wurde, schüttelte ihm letztes Jahr bei einer Ehrung in Graz die Hand, zieht vor ihm den Hut: *„Ich hab' nur Österreich und ein bisserl Europa erobert, Schwarzenegger aber die Staaten und eigentlich die ganze Welt. Aber er musste sich dazu auch eine Zeit lang jeden Tag quälen und schinden!"*

Zurück zu Schwarzeneggers Restaurant-Geschäftsführer Temmel: Der hat in Graz nicht nur Kartnig's Stammcafé „Kaiserhof" gepachtet, sondern führt derzeit einen Millionenprozess gegen Sturm. Weil er eine Geldspritze für den Klub in seiner Zeit als Vorstandsmitglied nicht mehr zurückbekam. Kartnig steht auf dem Standpunkt, dass Privatinvestitionen im Fußball mit dem Risiko verbunden sind, das Geld nie wieder zu sehen.
Temmels Zuschüsse stammen aus einer Zeit Anfang der Neunzigerjahre, in der Kartnig Sturm Zuschauer wegnahm. Weil er dafür sorgte, dass Eishockey in Graz nicht nur bei der „Schickeria" in und die Nummer eins war ...

1991 suchte der EC Graz nach einem neuen Boss, weil sich Präsident und Financier Ernst Schöffel wie angekündigt zurückgezogen hatte. Der EC Graz-Obmann Heinz Rothe bat Kartnig händeringend, den Klub zu übernehmen. Der überlegte nicht lange (*„... die haben mir auch leid getan"*), sagte zu, um es Sturm zu zeigen, sorgte für einen Eishockeyboom an der Mur. Er lockte dank seiner guten Kontakte zu Wenckheim „Ottakringer" als Millionensponsor nach Graz, legte selbst Hand an,

um einen kleinen, aber attraktiven VIP-Club in der alten Liebenau-Eishalle aus dem Boden zu stampfen, der bald ausverkauft war. Er schmückte den Klub mit dem Beinamen „die Elefanten". Das Motto stand auf dem Klubemblem: „We lead – others follow!" Wir führen – andere folgen ...

Damals verloren sich in der „Gruab'n" bei Sturm-Heimspielen oft nicht mehr als knapp 2000 Zuschauer, die Liebenau-Eishalle war hingegen brechend voll. Dort brannten die Wunderkerzen von mehr als 5000 Fans, tanzten die „Elefanten" den Eiswalzer, sorgten für Spektakel, das damals schon beim Aufwärmen begann. Erinnert sich Kartnig, für den Eishockey bis dahin ein Buch mit sieben Siegeln war: *„Der Walter Znenahlik hat als Trainer angeordnet, schon beim Aufwärmen die Pucks zu den Gegnern hinüberzuschießen, um sie zu reizen. Oft kam's schon vor dem Anpfiff zu kleineren Raufereien und Handgemengen. Da war der glatzerte Szybisti unser Spezialist. Sensationell war das!"* Und listig wurde dafür gesorgt, dass die Schiedsrichter zu dieser Zeit nicht am Eis waren. Alles außer Kontrolle – zu dieser Zeit dauerten Grazer Heimspiele oft länger als drei Stunden, saß Steiermarks Landeshauptmann Joschi Krainer oft auf der Tribüne, war der steirische ORF-Sportchef Robert Seeger, ein deklarierter Sturm-Fan, der in Journalistenkreisen daher auch „Vizepräsident" genannt wird, öfters in der Eishalle als am Sturm-Platz. Und moderierte der bekannte ORF-Reporter Werner Sabath die „Elefanten"-Pressekonferenzen nach den Spielen.

Für einen neuen VIP-Klub in der Liebenauer Halle legte Präsident Kartnig selbst Hand an. Das Ergebnis konnte sich sehen lassen. Zur Eröffnung traten die Kern-Buam auf, später fühlten sich dort auch Landeshauptmann Krainer und Ottakringer-General Wenckheim wohl.

Kartnig musste Eishockey erst lernen, lauschte anfangs andächtig, was die Trainer so erzählten. Hier Walter Znenahlik und Miroslav Berek von Innsbruck (links).

Kartnig war als Präsident nahe bei der Mannschaft. Schaute, wie sich der damalige Kapitän, Trainersohn Peter Znenahlik, erinnert, fast bei jedem Training vorbei, saß zum Schmähführen in der Kabine: *„Als wir uns letztes Jahr einmal getroffen haben, gab Kartnig zu, dass er zu den Fußballern nie so ein Verhältnis hatte wie damals zu uns!"* Dem jetzt in Berlin engagierten Teamverteidiger Martin Ulrich ist noch jene Episode in Erinnerung, wie Kartnig eines Tages mit neuen Schuhen aus Straußenleder auftauchte. Auf die Einwände Ulrichs, dass die aber nicht viel gekostet haben könnten, antwortete er laut: *„Alter, die haben so viel gekostet, wie du in deinem Leben nie verdienen wirst!"* Ulrich: *„Kartnig war ein ziemlich lauter, aber auch lustiger Präsident. Der manchmal mit uns auch abends um die Häuser zog!"*

Kartnig musste damals im Eishockey Lehrgeld bezahlen. Unter anderem begriff er anfangs nicht, was Znenahlik damit meinte, als der Trainer in den Drittelpausen oft dem Verteidigerraubein Robin Doyle Vorhaltungen machte: *„Rob, was soll ich mit dir tun? Rob, was haben wir eigentlich von Dir? Du hilfst uns ja nicht, du schaust mir immer nur ins G'sicht!"* Erst nach einiger Zeit verstand Kartnig, was Znenahlik damit meinte: Doyle saß zu lange auf der Strafbank, die gegenüber den Spielerbänken war.

Als die Fans einmal Kartnig bei einem Heimspiel eine Messingkette mit Elefanten darauf überreichten, verlieh ihm ÖFB-Generalsekretär Gigi Ludwig, der bei diesem Match Kartnigs Gast war, prompt den Spitznamen „Hannibal". Hannibal? Der größte Feldherr

Warum sollte beim Eishockey mit Kartnig das Temperament nicht so durchgehen wie im Fußball? Erregte Zwischenrufe an der Bande, wilde Diskussionen mit dem Headreferee.

und Staatsmann Karthagos, der im zweiten Punischen Krieg mit den Elefanten die Alpen überquerte, im Jahr 211 vor Christus vor den Toren Roms stand. Aus der Zeit stammt der Schreckensruf: „Hannibal ante portas" (Hannibal vor den Toren). Der galt damals auch in der Eishockeyszene ...

Kartnig verhandelte mit Spieleragenten aus Nordamerika „auf Teufel komm raus", obwohl das Beherrschen der englischen Sprache nicht zu seinen größten Stärken zählte. Dennoch stellte Kartnig eine Supertruppe auf die Beine, mit der er unbedingt den Meistertitel holen wollte. Für wenige Monate sogar mit einem Tormann, der schon in der National Hockey League gespielt hatte, namens Berthiaume. Den quartierte Kartnig sogar großzügig im Fünfsternehaus von Helmut Marko, dem „Schlossberghotel" ein, zahlte anfangs auch seine horrenden Extras. Laut Znenahlik sogar die bei Berthiaume eingegangenen Rechnungen vom „Escort Service" für nette Begleitungen ...

Der Konkurrenz gefiel der Grazer Aufschwung gar nicht, vor allem jener aus Kärnten. Die warf Kartnig Preistreiberei etc. vor. Den ließ das kalt. Er ließ sich nichts gefallen. Köstlich der Wortwechsel anlässlich der A–WM 1994 in München, als das Kärntner Eishockeyfaktotum, der Sportfotograf und Ex-Schiedsrichter Willi Valentin, bei einer hitzigen Diskussion Kartnig im VIP-Zelt anschrie: *„Sie ruinieren das österreichische Eishockey!"* Kartnig antwortete nicht weniger laut: *„Was wollen denn Sie? Sie sind doch schiacher wie der Zins!"*

Von 1991 bis 1996 wurde Kartnig im Jahrbuch des österreichischen Eishockeyverbands als Grazer Präsident geführt. In dieser Zeit verbrauchte er mit Walter Znenahlik, dem Tschechen Frantisek Barda, dem Schweden Claes Göran Wallin, dem kanadischen Veteranen Mike Daski, dessen Landsmann Mike McNamara sowie dem ehemaligen KAC-Center Herbert Pök gleich doppelt so viele Trainer wie bisher als Sturm-Präsident. Lieferte sich mit dem Verband einige Scharmützel, drohte die Spieler nicht zum Team fahren zu lassen, legte sich mit dem Grazer Verbandspräsidenten Hans Dobida (*„... den hat die Großmannsucht gepackt, dabei war er von den Vereinen abhängig!"*) an, weigerte sich plötzlich, den Grazer Anteil an der Gage des von allen Klubs gewünschten Ligapressechefs Bernd Freimüller zu bezahlen.
Freimüller, heute Europascout der Atlanta Thrashers, des NHL-Klubs des amerikanischen Medienmoguls Ted Turner, wartet 2001 noch immer auf 10.000 Schilling vom EC Graz. Aus Kartnigs Ära ...

Kartnig ließ damals auf eigene Kosten den berühmten NHL-Klub Edmonton Oilers zu

DIE ELEFANTEN-STARPARADE

Stargoalie Brian Stankiewicz

Raubein Robin Doyle

Kent „The Magic Man" Nilsson

einem Gastspiel einfliegen – seine teuerste Grazer Mannschaft kostete 32 Millionen Schilling! Mit Austro-Kanadiern wie Stargoalie Brian Stankiewicz, Verteidiger Neil Belland, Torjäger Marty Dallmann, Don Nachbaur, Wayne Groulx, Rob Doyle und Norman Krumpschmid, österreichischen Teamspielern wie Tommy Cijan, Conny Dorn, Werner Kerth, Martin Ulrich, Rudi König oder Peter Znenahlik, der zugibt: *„Kartnig zahlte gewaltige Gehälter"*. Für Topstars in Millionenhöhe. Darum kam auch die schwedische Legende Kent „Magic" Nilsson nach 500 Spielen in der berühmten National Hockey League noch mit 37 Jahren nach Graz. Er bekam im Autobus einen Laptop installiert, um die langen Fahrten zu den Auswärtsspielen nach Tirol, Vorarlberg oder Italien mit Computerspielen überbrücken zu können. Damals wurde auch die Alpenliga mit Italien gespielt, in der sich auch Italiens Medienzar, der Milan-Präsident und spätere Spitzenpolitiker Silvio Berlusconi, mit den „Milano Devils" eine Startruppe hielt. Mitunter gewann Kartnig das sportliche Eisduell gegen Berlusconi – gewichtsmäßig ohnehin immer.

Aber es reichte zu keinem Meistertitel – die Grazer dominierten zwar meist den Grunddurchgang, was Kartnig viele, viele Siegprämien kostete, konnten aber nie die entscheidenden Finalspiele gegen Villach oder Feldkirch gewinnen. Dreimal Vizemeister

(1992, 1993, 1994) blieb die Ausbeute. Damals wurde Kartnig in Graz mit dem Spruch *„Dreimal Vize ist auch Spitze!“* mehr gehäkelt als getröstet. 1995 scheiterten die Elefanten im Semifinale, 1996 gab's zum Ausklingen mit einer „Billigtruppe“ Platz sechs. Dennoch möchte Kartnig die Zeit von damals nicht missen – auch weil er dadurch die aufregendste Massenschlägerei seines Lebens miterlebte. In Innsbruck hielt es ihn dabei wieder einmal nicht auf der Tribüne, kam er runter zur Spielerbank, brüllte von dort Anweisungen, wer wo und wie wen birnen sollte: *„Waau, da ist's umgangen. Alle Spieler am Eis, Helme weg, Handschuh weg, nur die Fäuste regierten. Richtig geil war das. Fast hätte ich mitgerauft!“*

Und immerhin hängt noch heute im berühmten Eishockeygeschäft von Gary Cosby am Eingang des New Yorker Madison Square Garden an der Wand mitten unter den Trikots von ausländischen Mannschaften auch das Schwarze der Grazer Elefanten mit der Nummer 42 von Don Nachbaur. Ein Kanadier mit Vorarlberger Vorfahren. Der in Nordamerika durch hunderte NHL-Einsätze für Hartford, Edmonton und Philadelphia vor seinem Grazer Engagement ein Begriff war.

Sturm reagierte auf den Kartnigschen Eishockeyboom bald. Schon im Sommer 1992 kam Sturm-Anwalt Peter Imre – drei Jahre zuvor einer der Kartnig-Verhinderer – als

DIE ELEFANTEN-STARPARADE

Tommy Cijan

Torjäger Marty Dallman

Kapitän Peter Znenahlik

Warum nur Vizemeister und nie Meister? Heiße Diskussionen zwischen Sportchef Walter Znenahlik und dem Präsidenten.

„Friedensengel" zu ihm, bot ihm eher halbherzig an, Sturm-Präsident zu werden. Kartnig wollte anfangs nicht mehr, *„... weil sie mich zuvor so gedemütigt hatten!"*, ließ sich aber doch umstimmen. Sein Sturm-Herz war doch stärker. Er hatte sein Ziel erreicht – Eishockey war für ihn eigentlich nur eine „Generalprobe", nur das Mittel zum Zweck. Am 6. Dezember 1992 hieß der Sturm-Präsident Hannes Kartnig. Mehr als drei Jahre blieb er Doppelpräsident – aber das Engagement für Eishockey reduzierte er bald merkbar. Sturm war doch seine größere Liebe.
Kartnig drückt es anders aus: *„Ich merkte bald, dass mit Fußball mehr zu bewegen und mehr zu verdienen war!"* Wieder eine richtige Entscheidung am Weg zum großen steirischen Traum.
Über die Eishockeyzeit müssen Kartnig und Peter Znenahlik noch heute lachen, wenn sie einander zufällig in Graz über den Weg laufen. Aber eine wichtige und richtige Lehre zog Kartnig doch aus seiner Eishockeyzeit: *„Es hat mich selbst einiges gekostet. Aber man kann einen Titel nicht mit Gewalt kaufen!"*

Ein weiteres Positivum für „Hannibal" Kartnig: Er lernte bald nach Beginn seiner Eishockeyära den steirischen Sportlandesrat Gerhard Hirschmann kennen, was sich noch als wichtig und entscheidend erweisen sollte. Kartnig: *„Ich hab' gleich gemerkt, das ist ein Ehrlicher. Der tut nicht nur reden, sondern macht auch. Der schaut' dir beim Reden ins G'sicht, hat die gleichen Visionen wie ich, schaut immer über den Tellerrand hinaus. Das, was er versprochen hat, hat er auch immer gehalten. Aber er sagt dir auch gleich, wenn's nicht geht. Er hat rasch erkannt, dass ich ein ehrlicher Bursch und mit Herz dabei bin. Und Erfolg kannst nur mit Herz haben!"*

Der stolze Präsident inmitten seiner 32 Millionen-Elefantenherde. Auch mit der reichte es nur zu Platz zwei. Aber schön anzuschauen war's trotzdem, wie Kartnigs Gesichtsausdruck auf der Tribüne verriet. Neben ihm Bundesligachef Heitmann, gegen den er bald zu Felde zog, sowie „Tennisheroe" Thomas Muster und sein Manager Ronnie Leitgeb.

Osim ist erschienen

Seit 6. Dezember 1992 war Hannes Kartnig also Doppelpräsident in Graz – Eishockey und Fußball. Bei Sturm hatte er ein schweres Erbe angetreten. Er übernahm die „Schwarzen" mit 16 Millionen Schulden, musste anfangs gleich fünf aus der Privatschatulle vorschießen, damit es weiter ging – zuvor konnten die Gehälter nicht mehr bezahlt werden, gab es offene Rechnungen bei der Gebietskrankenkassa.

Mit Kartnig kam Heinz Schilcher als Manager – wie es zwischen beiden abgemacht war. Kartnig: *„Von dem war und bin ich überzeugt. Er ist ein sehr intelligenter Mensch, versteht etwas von Fußball, spricht mehrere Sprachen. Er hat große Qualitäten!"* Schilcher: *„Wir blieben über alle Jahre irgendwie in Verbindung, hatten mitunter auch geschäftlich miteinander zu tun!"* Kartnig über seine Freundschaft zu Schilcher: *„So wie sie sein soll. Einer ist für den anderen ohne großes Aufhebens da. Speziell, wenn es ihm schlecht geht. Das ist entscheidend. Wenn alles passt, ist das keine Kunst!"* Schilcher bestätigt dies: *„Ich mach' mir aber, zum Unterschied von ihm, nichts aus Öffentlichkeitsarbeit und Selbstdarstellung. Eigentlich sind wir sehr unterschiedliche Typen. Aber wir suchen immer den Mittelweg oder Kompromiss aus zwei anfangs konträren Meinungen. Vielleicht macht das den Erfolg aus!"*

Von Erfolg war anfangs noch nicht viel zu merken. Sturm konnte sich trotz Kartnigs Finanzspritze nicht den hauptamtlichen Manager Schilcher leisten, der behauptet: *„Das erste Jahr hab' ich dazugezahlt, um für Sturm zu arbeiten!"* Da versuchte er noch die Jobs bei Adidas und bei Sturm unter einen Hut zu bringen, obwohl er wusste, dass dies unmöglich war. Um den Spielbetrieb aufrecht zu erhalten, mussten zum einzigen Mal in Kartnigs Ära die Vorstandsmitglieder etwas zuschießen – aber zwei Wochen später bekamen sie ihr Geld wieder zurück.

Ein halbes Jahr nach dem Amtsantritt wirkten Kartnig und Schilcher sehr angeschlagen: Am 8. Mai 1993 ging das Grazer Derby im Aufstiegs-Play-off am GAK-Platz in der Körösistraße mit 0:4 verloren. GAK-Präsident Harald Fischl, der sich mit Kartnig in den folgenden Jahren noch so manches publicitywirksame Gefecht liefern sollte (Fischl: *„Irgendwie dachte ich bei uns zwei oft an ein berühmtes Filmduo. Er als Bud Spencer, der gutmütige Dickhäuter mit der eisernen Faust, ich der Terence Hill."*), überreichte seinem Kollegen

Anfangs musste um die Fans gekämpft werden – da ließ man sich Plakat-aktionen einfallen.

noch auf der Tribüne mit etwas Schadenfreude eine brennende Wunderkerze. Fünf Runden vor Schluss schien der GAK oben in der Bundesliga, Sturm hingegen unten in der zweiten Division.

Kartnig und Schilcher handelten nach dem Debakel rasch: *„Wir haben uns sofort von allen alten Kickern, die nichts mehr geleistet haben, von allen Parasiten, die bei uns waren, getrennt!“* Das waren die Legionäre Calo und Deveric sowie Spirk, Kofler und auch Walter Hörmann, der wenige Wochen später wieder pardoniert werden sollte: *„Weil wir keine Leute mehr hatten“*, behauptet Kartnig. Der slowakische Trainer Ladislav Jurkemik, den Kartnig geerbt hatte, musste im Finish auf die Sturm-Talente setzen: auf Schopp, Haas, Prilasnig,

Am GAK-Platz verging Kartnig ein halbes Jahr nach Amtsantritt das Lachen – 0:4, der Aufstieg schien verspielt zu sein. Kartnig reagierte – alles kam anders.

Anfangs war's in der Gruab'n auch oft zum Davonlaufen ...

Neukirchner und Grassler. Und siehe da, ein Wunder geschah. Sturm holte aus fünf Runden neun Punkte, überholte noch den GAK und stieg noch auf! Bei der mitternächtlichen Aufstiegsfeier im Trainingszentrum Messendorf am 12. Juni, nach dem entscheidenden 2:0-Auswärtssieg über den FC Stahl Linz, kroch Kartnig unter den Tisch – Sorgen um sein Seidenhemd, weil nur noch Sekt verspritzt wurde. Und danach ließ es sich Kartnig nicht nehmen, auf der alten Holztribüne am Sturm-Platz einen kleinen VIP-Club zu errichten. Nobel wurde die „Gruab'n" aber trotzdem nicht mehr.

Ein neuer Trainer kam – Milan Djuricic aus Leoben. Mit ihm auch wieder Walter Schachner – Comeback bei Sturm mit 36! Zwei Jahre nach der Trennung, die er selbst wollte, weil er sich von den Fans schlecht behandelt gefühlt hatte, kehrte er nach herausragenden Leistungen gegen Deutschland, Holland, Brasilien und Italien bei der „Copa Pele", einem „Seniorenturnier" der Ex-Internationalen am Wörther See und in Italien, wieder zurück. Und Schilcher bekam einen Vertrag, in dem er Prämien für Meistertitel, Cupsieg, Europacupspiele, sogar bis zum Finale, selbst festlegte. Kartnigs Reaktion: Ein langes und lautes

Lachen. Aber bis auf das Europacupfinale sollten in den folgenden sieben Jahren alle Prämien am Schilcher-Konto noch eintrudeln.

Im Herbst 1993 klappte es anfangs gut – acht Runden lang war Sturm sogar an der Spitze. Mit einem Rippenbruch von Schachner, den ihm Sportklubs Schwergewicht Bernd Dallos zugefügt hatte, ging's bergab – im Winter wechselte er wieder zu Leoben. Aber bald reifte in Kartnig der Entschluss, einen neuen Trainer zu holen: *„Djuricic hat der Mannschaft zwar das Laufen und Kämpfen beigebracht, aber für die Offensive war alles nur auf Zufall aufgebaut. Da war nichts Spektakuläres und Herausgespieltes dabei. Und dann hat mir, bei all seinem Fleiß, seine selbstherrliche Art, mit der er die Spieler behandelt hat, auch nicht imponiert. Immer nur brüllen, das ist schlecht!"* Da fällt Polterer Kartnig immer wieder eine Episode zwischen Djuricic und Gilbert Prilasnig ein. Der Kärntner Student trainierte öfters mit Walkman. Djuricic gefiel irgend etwas nicht, er brüllte Prilasnig, der zurückgeredet hatte, wieder einmal an. Der antworte aber ganz ruhig: *„Trainer, sie müsssen nicht schreien, der Walkman ist ausgeschaltet!"* Von da an war Prilasnig bei Djuricic unten durch. Er wollte sogar einmal Schachner statt Prilasnig Libero spielen lassen. Da griff Kartnig zu List und Tücke: *„Trainer, wegen Prilasnig kommt ein italienischer Manager. Das kann viel Geld für uns bedeuten. Sie müssen ihn spielen lassen!"* Sturm gewann mit einem starken Prilasnig, ohne dass ein Manager aus Italien kam ...

Im Frühjahr 1994 war Kartnig an die Grenzen der eigenen Belastbarkeit gegangen: Doppelpräsident, dazu noch bei der Vermarktung des Tennis-Daviscup-Hits Österreich gegen Deutschland in Unterpremstätten vor den Toren von Graz dabei, dort einen „Probeländerkampf" gegen Italien organisiert, der ihm neben Zeit auch Geld kostete (*„Ich hab' praktisch nur für die Tasche des cleveren Ronnie Leitgeb gearbeitet"*). Da rebellierte erstmals sein Körper in Form von Herzmuskelproblemen. Signale, die Kartnig ernst nahm: *„Doppelpräsident – das ist fast menschenunwürdig!"*
In der Zeit fiel die Entscheidung für Sturm und gegen das Eishockey – und die Suche nach einem neuen Trainer, bei der Schilcher seine Verbindungen spielen ließ. Es gab Kontakte zu Hans Krankl, Gespräche mit Kurt Jara, der nach Jahren in der Schweiz und dem Ende beim FC Zürich wieder zurück nach Österreich wollte, und dank Schilcher mit Jugoslawiens Ex-Teamchef Ivica Osim, der lieber „Ivan" genannt werden will, zu dem er nie den Kontakt hatte abreißen lassen. Daher wusste Schilcher, dass Osim nach der Trennung von Panathinaikos Athen wegen der Wirren des jugoslawischen Bürgerkriegs in der Nähe zu seiner Heimat Sarajevo bleiben wollte (während seines Griechenland-Engagements hatte er um seine Familie zittern

Doppelpräsident mit Mascherl, gemeinsame Weihnachtsfeier 1993 von Elefanten und Sturm – aber das ging auf Dauer bis an die Grenzen der Belastbarkeit.

müssen, die von ihm getrennt mitten in den Wirren des Bürgerkriegs in Sarajewo war, von der er oft tagelang nichts gehört hatte.) und bot ihm den Job bei Sturm an. Auf der Hotelterrasse im Straßganger „Tennisparadies", in dem Schilchers Frau einen Sportshop betreibt, gab es das entscheidende Gespräch zwischen Kartnig, Schilcher und Osim. Dessen Erinnerung: *„Kartnig machte auf mich einen reservierten Eindruck, glaubte nicht so recht an die Chance, mich zu bekommen. Dabei fühlte ich mich als gar nichts Besonderes. Und Hannes ahnte damals sicher nicht, dass ich viel mehr über Sturm wusste, als er glaubte!"* Denn Osim hatte die Jugoslawien-Connection spielen lassen, sich mit Trainer Djuricic und dem jugoslawischen Legionär Darko Milanic, die er beide von früher kannte, genau über Sturm und Kartnig informieren lassen.

Der Präsident weiß noch genau, was Osim damals zum Essen bestellte, bevor er seine Zusage gab: *„Harte und pikante steirische Würste. Die wollte er lieber als alles andere."* Als Kartnig schließlich Jara verständigte, dass er sich für Osim entschieden habe, imponierte ihm

Die erste Besprechung mit Osim in der Kabine am alten Sturm-Platz – Haas und Schopp lauschen.

Mit Ivica Osim kam Ivica Vastic – das sollte ein Glücksgriff sein. Bald wurde der inzwischen eingebürgerte Kroate zum Publikumsliebling und zum „Primgeiger“, der sich hier mit seiner bildhübschen Frau Anni am Kontrabass versucht.

die Antwort des Tirolers: *„Wenn Sie einen Trainer solchen Kalibers bekommen haben, dann kann ich Ihnen nur gratulieren!"* Jara sollte recht behalten. Für Kartnig ist es noch heute sensationell, dass es Schilcher gelungen war, den Trainerguru an die Mur zu locken: *„Für mich war das ungefähr so, als hätte Sturm einmal Johan Cruyff als Spieler geholt!"*

Außer Osim verpflichtete Kartnig damals auch Ivo Vastic, der 1990 als „unbekannter Flüchtling" von Split nach Wien gekommen war, dann bei Vienna, St. Pölten und Admira/Wacker gespielt hatte und nach dem missglückten Abstecher in die deutsche Bundesliga zum MSV Duisburg, bei dem damals auch Hannes Reinmayr gespielt hatte, wieder Sehnsucht nach Österreich hatte. Kartnig holte Vastic damals preisgünstig.

Für die erste Verhandlung, die für Duisburg im Wiener Nobelhotel „Sacher" der damalige Vienna-Manager Manfred Polster führte, unterbrach Kartnig eine seiner vielen (und wie meist erfolglosen) Schlankheitskuren bei Willi Dungl in Gars am Kamp. Weil alles gut aussah, deponierte er zum Abschied freudestrahlend einen Scheck über 500.000 Schilling als Anzahlung – insgesamt kostete Vastic etwas über fünf Millionen. Im Laufe des Jahres wurde der Supertechniker zur Symbolfigur der Sturm-Erfolge – und zum Lieblingsspieler des Präsidenten (siehe Kasten auf Seite 75). Der trotz Vastic aber noch einen Ärger hinunterschlucken musste: Den Wechsel des Abwehrrecken Martin Hiden zum frischgebackenen Meister Salzburg. Denn wer Kartnig den damaligen, sehr erfolgreichen Salzburg-Boss Rudi Quehenberger als Vorbild hinstellte, durfte mit einem Tobsuchtsanfall rechnen. Warum auch immer, damals galt der „Westbahn-Rudi" aus Salzburg für Kartnig als rotes Tuch. Und darum gab es auch viel Ärger um den Hiden-Wechsel. Zum einzigen Mal musste die dafür zuständige Kommission der Bundesliga die Ablöse festlegen: Sie betrug 3,5 Millionen Schilling.

Anfangs konnte man Hannes Kartnig mit dem Namen Rudi Quehenberger noch reizen – als der mit Salzburg von Erfolg zu Erfolg eilte. Heute lächelt er schon entspannt beim Small Talk mit dem ehemaligen Salzburger Präsidenten. In ein Europacupfinale wie der „Westbahn-Rudi" würde der Hannes auch liebend gerne kommen ...

Der Herbst 1994 begann gut – ehe Verletzungspech Sturm arg zurückwarf. Kartnig sorgte aber dennoch dafür, dass die Mannschaft nach außen hin gut aussah – in diese Zeit fiel die erste seiner „Einkleidungen" für Mannschaft und Funktionäre, die er heute auch sarkastisch kommentiert: *„Früher hatten Funkionäre von uns vielleicht sogar gar kein Sakko daheim hängen, jetzt sind es durch unsere Einkleidungen insgesamt schon acht. Darunter sogar welche in Trachten-Haute Couture!"*.

Ein Werbecoup, der Aufsehen erregte: Die „Kronen-Zeitung" als Sturm-Sponsor. Hier auf der Brust von Tormann Roland Goriupp.

In der Hannes-Ära schon acht Einkleidungen bei Sturm.

Im Frühjahr 1995 war die Mannschaft auch am Spielfeld attraktiv, setzte zu einem Siegeszug an. Unvergessen dabei der entsetzte Gesichtsausdruck von Osim, als Kartnig nach einem 3:1-Auswärtssieg über Rapid im Hanappi-Stadion von der Ehrentribüne zur Betreuerbank geeilt war und dem siegreichen Trainer einen herzhaften Schmatz auf die Wange drückte. Schilchers Selbstanklage: *„Da hab' ich in leichtsinniger Weise einen Moment lang nicht aufgepasst! Noch so eine Aktion hätte der Ivan nicht mehr verkraftet."* Am Ende war Sturm nach 18 Spielen ohne Niederlage Vizemeister, punktegleich mit Champion Salzburg, einzig um lächerliche sieben Tore schlechter – eigentlich rettete nur die damals noch gültige Zweipunkteregel Salzburg und

Quehenberger den zweiten Titel in Serie. Mit der Dreipunkteregel hätten Kartnig und Osim, für den ein Tag ohne Fußball ein verlorener Tag ist, schon 1995 erstmals den Meisterteller in Händen halten können. Trotzdem war der Grazer Fußball aus seinem langen Dornröschenschlaf wachgeküsst, aber Kartnig inklusive Eishockey nur vierfacher Vizemeister ...

1996 Fünffacher! Nach einem Herzschlagfinale am 1. Juni im restlos ausverkauften Wiener Happel-Stadion gegen Rapid. Mit einem Sieg wäre Sturm Meister gewesen – aber Rapid siegte 2:0: *„Weil wir damals noch mit vollen Hosen gespielt haben“*, so Kartnig. Weil 45.000

Gespannte Mienen vor dem Herzschlagfinale am 1. Juni 1996 gegen Rapid: Kartnig im Happel-Stadion mit ORF-Sportchef Elmar Oberhauser und Rapid-Präsident Günther Kaltenbrunner.

Die 10 Lieblingsspieler des Hannes K.

1. **Ivica Vastic:** ***„Weil er bei uns ein Sensationsfußballer wurde“***
2. **Markus Schopp:** ***„Weil ich ihn von jung auf kenne, sehe, wie hart er an sich arbeitet, wie viel er aus sich gemacht hat“.***
3. **Tibor Nyilasi:** ***„Wenn er bei der Austria trickste, hat auch mein Herz höher geschlagen.“***
4. **Herbert Prohaska:** ***„Ihn den Ball streicheln zu sehen, bedeutete einen Genuss!“***
5. **Hans Krankl:** ***„Zu seinen Glanzzeiten für jeden Gegner lebensgefährlich. Einen Torjäger wie ihn hätte ich auch gerne bei Sturm!“***
6. **Roland Hattenberger:** ***„Sein Kampfgeist hat mir imponiert. War einer, der immer alles versucht und Dampf gemacht hat. Solche Typen mag ich!“***
7. **Friedl Koncilia:** ***„Absolute Weltklasse im Tor, hat mir imponiert!“***
8. **Darko Milanic:** ***„Ruhig, verlässlich – ein Musterlegionär!“***
9. **Günther Neukirchner:** ***„Der murrt eigentlich nie, egal, auf welchen Posten man ihn stellt!“***
10. **Gilbert Prilasnig:** ***„Der gefällt mir auch als Typ. Ein intelligenter Bursch!“***

Markus Schopp, hier mit seiner nordischen Freundin Christina bei der letzten Weihnachtsfeier, kommt in der Hitliste seiner Lieblingsspieler bei Kartnig gleich hinter Vastic.

Rapid-Fans am Ende *„Alle werden Meister, nur der Kartnig nicht"* sangen und die Rapid-Ultras quer durch die Sektoren C und D ein Riesentransparent entrollten (*„Ob Eishockey oder Fußball, Kartnig wird nie Meister! Versuch's doch einmal mit Volleyball"*) und schließlich sich die freudetrunkenen Rapid-Spieler unter der Führung von Didi Kühbauer vor den ORF-Kameras für manch flotten Kartnig-Spruch im Laufe des Titelduells mit Anti-Kartnig-Sprechchören unter der Gürtellinie revanchierten, verfiel er völlig unerwartet in tiefe Depression. Einen Tag lang war er am Boden zerstört, dachte ans Aufhören, trug Schilcher sowie den Vizepräsidenten Gert Pölderl und Peter Imre seine Nachfolge an: *„Aber keiner hat mich erlöst!"*

Daher konnte ihn einer neu motivieren – Sportlandesrat Gerhard Hirschmann mit einem offenen Brief: *„Hannes, mach weiter, nur einen Brief gibt man auf!"* Vier Tage nach dem 0:2 durfte Kartnig in der Ehrenloge des Happel-Stadions zum Trost zudem doch einen Pokal in den Händen halten – durch ein 3:1 gegen Admira/Wacker wurde Sturm Cupsieger. Auch deshalb kam Kartnig ein Satz von den Lippen, für den ihm Otto Baric noch heute etwas böse ist: *„Baric wurde geboren, Osim ist erschienen"* …

Diese Sturm-Mannschaft holte 1996 im Cupfinale den ersten Titel der Ära Kartnig. Von links: Vastic, Hörtnagl, Hörmann, Reinmayr, Posch, Schopp, Neukirchner, Swierczewski, Milanic, Gill, Wetl.

Der Frust über den verpassten Meistertitel ist weg – Kartnig nach dem Cuptriumph mit Pokal bei der Siegerehrung in der Ehrenloge des Happel-Stadions. Links lächelt Manager Heinz Schilcher, rechts jubelt der norwegische Keeper Gill. Auch am Grazer Hauptplatz wurde der Cupsieg einen Tag später bejubelt – da strahlte auch Bürgermeister Alfred Stingl um die Wette mit.

Hannes K. und seine Wutausbrüche

Sein Umfeld hat damit zu leben gelernt: „Von Zeit zu Zeit explodiert der Hannes einmal!" So beschreibt Ivica „Ivan" Osim vorsichtig die Wutanfälle des Präsidenten. Mit denen er über Jahre den Journalisten Gesprächsstoff lieferte. Nicht immer ging es dabei um Sturm. Im November 1993 war es auch soweit, als er vor den Toren von Tel Aviv in Herzlia Österreichs Unter 21-Team gegen Israels Nachwuchs 1:6 verlieren sah: *„Bei Sturm hätt' ich die alle sofort entlassen. Bei mir dürften die nach so einem Match auch nicht mehr im Hilton-Hotel schlafen, die müssten im Zelt übernachten!"* In seiner grenzenlosen Wut gleich nach dem Schlusspfiff auf der Tribüne übersah Kartnig, dass beim 1:6 auch Sturm-Spieler dabei waren – Martin Hiden, Markus Schopp und Günther Neukirchner ...

Grenzenlos war seine Wut unter anderem auch im Frühjahr 1999, als publik wurde, dass Sturms 17jähriges Talent Robert Wallner mit Hilfe des ordentlichen Gerichts seinen Fünfjahresvertrag für null und nichtig erklären ließ und ablösefrei nach Hütteldorf zu Rapid wechselte. Seit damals existiert die „Feindschaft" zu Rapids Sportmanager Ernst Dokupil, damals kündigte er auch dem Grazer Sportanwalt Christian Flick, der die Familie Wallner beriet, vorübergehend die Freundschaft auf: *„Den mach' ich so mies, dass er aus Graz auswandern muss!"*, kündigte er im Zorn an. Ebenso, dass er Flick keine Golden-VIP-Card mehr verkaufen werde. Damals intervenierte er auch bei ÖFB-Generalsekretär Alfred Ludwig, dass der verhindern solle, dass Flick in

Bei Osim sah Sturm-Talent Roman Wallner (vorne) zu wenig Chancen – daher stieg er mit Hilfe eines ordentlichen Gerichts aus dem Vertrag aus, wechselte mit 17 Jahren zu Rapid. Kartnig tobte.

Barcelona beim Champions League-Finale Manchester United gegen Bayern Zutritt zum VIP-Club haben sollte. Ludwig lehnte ab – da folgte in Barcelona prompt die große Versöhnung mit Flick, die bis heute hält. Flick (*„Mitunter kann und will der Hannes Privates und Geschäftliches nicht trennen."*) gehört weiter zum VIP-Club, hat dort sogar in die „Business Lounge" des Präsidenten Zutritt und betreibt weiter seine Kanzlei am Grazer Rosegger Kai, gründete heuer die „Flick- Rechtsanwalt GmbH."

Und war auch im Sommer 1999 dabei, als in Kartnig zu Recht die Wut hoch stieg. 7. Juni im berühmten Wiener Kaffeehaus Dommayer in Hietzing, einem „Rapid-Einzugsgebiet": Kartnig und Flick trafen den Tiroler Mittelfeldspieler Roland Kirchler, der von einer Klausel berichtete, dass er den Vertrag mit den Tirolern lösen könne, wenn Trainer Frantisek Cipro oder Sportdirektor Ove Flindt nicht mehr beim Klub sind. Kirchler wollte, setzte abends im Dommayer selbst den Vertrag auf. Kartnig musste zwischenzeitlich weg – ins nahe ORF-Zentrum auf den Küniglberg, mit Teamchef Otto Baric über die Zukunft des Nationalteams nach dem 0:5-Debakel in Israel diskutieren. Nach Kartnigs Rückkehr kam es noch in Hietzing zur Einigung – im schweren Gewitterregen chauffierte Kartnig in seinem Mercedes Kirchler und Flick ins „Hotel Sofitel" am Flughafen Schwechat, wo Kirchler ein Zimmer gebucht hatte. Kirchler zog sich nochmals zurück, um mit seiner Frau alles nochmals zu besprechen – Kartnig und Flick bestellten derweilen in der Hotellobby gegen hohe Gebühren eine Flasche des edlen Brunello-Rotweins und Prosciutto.

Kirchler kam zurück – auch von seiner Frau war das Okay gekommen. Sprach auf die mehrfache Frage Kartnigs , ob er den Wechsel zu den „Schwarzen" an die Mur auch wirklich wolle, sogar vom schönsten Tag in seinem Leben, weil der Vertrag mit Sturm so lukrativ sei. Man trennte sich um drei Uhr morgens, erst um fünf Uhr früh waren Kartnig und Flick wieder in Graz. Zu Mittag machte Kirchler telefonisch alles wieder rückgängig – Tirols Präsident Martin Kerscher und Trainer Kurt Jara hatten ihn „umgedreht". Da explodierte Kartnig: „Die Spieler dürfen nicht glauben, dass sie sich bei mir alles erlauben dürfen". Kündigte den Gang vor ein ordentliches Gericht an – tatsächlich klagte er Kirchler auf fünf Millionen Schilling Schadenersatz, weil der für ihn engagierte Ungar György Korsos so viel Ablöse kostete. Kirchler hätte die kostenlose Freigabe gehabt. Der Prozess Kartnig (vertreten durch Sturm-Anwalt Peter Imre) gegen Kirchler ist nach zwei Jahren in Graz noch mitten in der ersten Instanz – allen Versuchen aus Tirol, das Ganze zu vergessen, zeigte der noch immer verärgerte Kartnig bisher die kalte Schulter. Flick: *„Bis es zu einem rechtskräftigen Urteil kommt, dauert es sicher fünf Jahre" ...*

Sie streiten sich, sie vertragen sich: Kartnig und Sportanwalt Christian Flick. Den letzten Megakrach gab´s um Flick-Klient Wallner, seit Mai 1999 hält aber der Frieden. Und die Geschäfte laufen.

Der Fünfmillionenprozess gegen Roland Kirchler läuft – da gibt es keinen Pardon.

Der Präsident ist im Fernsehen nicht nur in Sportsendungen zu sehen, sondern oft auch im Society-Report, den „Seitenblicken". Etwa, wenn Bühnen- und Filmsuperstar Klaus Maria Brandauer (oben) beim 2:0 über die Glasgow Rangers im Schwarzenegger-Stadion zu Besuch ist. Da strahlte auch Brigitte Trip, die Freundin von Sportlandesrat Gerhard Hirschmann.

Der DJ Ötzi alias Gerry Friedle sang seinen „Anton aus Tirol" auf Sturms Saisonabschlussfeier am Grazer Hauptplatz – ausgerechnet am Tag nach dem Meisterstück des FC Tirol am 28. Mai 2000. Der Stimmung des Präsidenten tat dies keinen Abbruch.

Das Gewicht ist egal, der „steirische Bud Spencer" weiß mit fast allen Frauen etwas anzufangen. Mit der Jazz-Gitti tanzte er bei der Miss-Styria-Wahl gekonnt und locker auf der Bühne, mit Talkmasterin Verona Feldbusch schäkerte er in Tracht bei einer Diskussion der Grazer „Woche". Weder tiefes Dekolleté noch hautenges Leder-Outfit ließen ihn den Faden verlieren.

+ + + SEITENBLICKE + + + SEITENBLICKE + + + SEITE

Beste Laune mit „Mister Musikantenstadl" Karl Moik und Hans Krankl, der 1994 als Sturm-Trainer zur Diskussion gestanden war, beim Formel-I-WM-Lauf auf dem A1-Ring bei Knittelfeld. Auch in Moiks Musikantenstadl war Kartnig schon zu sehen, Seite an Seite mit Nana Mouskouri („Weiße Rosen aus Athen"). Locker wirkte er gerade nicht.

Wer ist öfter im TV zu sehen – Richard „Mörtel" Lugner mit seiner „Mausi" oder der Sturm-Präsident? Tip 2 ist wohl richtig, aber zu dritt wären sie unschlagbar. Lugner zählte beim letzten Nationalratswahlkampf zu den Großkunden von Kartnigs Perspektiven-Werbung, ließ es sich eine zweistellige Millionenzahl kosten, von den Kartnigschen Plakatflächen zu lachen.

Als in der Barbara Karlich-Show die Frage „Fußballer – Proleten oder Helden der Nation?“ diskutiert wurde, stand Kartnig neben der Moderatorin gemeinsam mit Toni Pfeffer (links), Andi Ogris und dem berühmten „Rapid-Charly“ in der ersten Reihe. Hielt ein Plädoyer für die Fußballer. Das Engagement neuer Stars macht Kartnig oft zum Spektakel für Fotografen. Mit Irans Teamspieler Mehrdad Minavand etwa 1998 beim Open-Air-Schach im Schloß Pichlarn.

Auch viele Jahre nach seinen legendären Ringschlachten gegen den berühmten Hulk Hogan oder André The Giant hat die steirische Catcherlegende Big Otto Wanz noch Kraft genug, um zum Gaudium aller zwei Schwergewichte wie ORF-Sportchef Elmar Oberhauser und Kartnig auf die Oberschenkel zu nehmen. Auch mit Thomas Muster, der von Leibnitz aus die Tenniswelt eroberte, ist der Sturm-Präsident auf „Du und Du". Für Tom ist bei Sturm immer ein Platz frei.

TREFFPUNKT PARIS. Das 1:2 Österreichs bei der WM 1998 gegen Italien verfolgte Kartnig in unmittelbarer Nähe von Tennis-Guru Ion Tiriac (rechts). Den Kampf um den originellsten Bartwuchs gewann Schnauzer-Künstler Tiriac gegen die Vollbartträger Oberhauser und Kartnig per Akklamation.

TREFFPUNKT A1-RING. Der Sturm-Präsident mit Österreichs Elite der nordischen Kombinierer: Felix Gottwald (links) und Mario Stecher (rechts) – ein Klient von Kartnig-Freund Christian Flick. Beim Fachsimpeln mit Niki Lauda war keine Rede vom österreichischen „Luftfahrtkrieg". Aus Protest gegen Laudas Behandlung charterte Kartnig heuer für die Flüge Sturms zu den Auswärtsspielen der Champions League keine AUA-Maschinen mehr.

TREFFPUNKT GRAZ. Wenn Frau Landeshauptmann Waltraud Klasnic das Goldene Ehrenzeichen des Landes Steiermark in Zusammenhang mit Sport verleiht, ist der Sturm-Präsident meist zur Stelle. Dann sind mitunter erfolgreiche Präsidenten und Unternehmer lachend unter sich, wie oben Schi-Boss Peter Schröcksnadel und Kartnig. Auch für das wandelnde Formel-I-Lexikon Heinz Prüller nahm er sich Zeit.

TREFFPUNKT ST. ANTON. WM-Macher Karl Schranz ist deklarierter Fan des FC Tirol. Dennoch hat er vor dem Sturm-Präsidenten Hochachtung – und auch umgekehrt. Als Schranz am Arlberg seinen 60. Geburtstag feierte, zählte auch Kartnig zu seinen Gästen.

LOKALR

Bei den heißen Verbalgefechten mit Ex-GAK-Präsident Harald Fischl (oben links) stand sogar Kartnig der Schweiß auf der Stirn, mitunter wirkte er sogar mitgenommen. Auch mit Fischl-Nachfolger Peter Svetits gab's so manchen Schlagabtausch (Stichwort „Bandenkrieg" im Schwarzenegger-Stadion) – aber der ist sicher der angenehmere Gegner. Mitunter marschieren Svetits und Kartnig sogar gemeinsam, etwa in Sachen Trainingszentrum für den Nachwuchs.

Mitunter verliert auch ein Hannes Kartnig Wetten gegen den Lokalrivalen. Zur Strafe muss er dann Rot tragen, sogar im GAK-Trainingsanzug in der Gruab'n GAK-Fanartikel verkaufen (unten). Oder im GAK-Kingsize-Dress mit der Rückennummer 177 durchs Schwarzenegger-Stadion marschieren. Das Lachen verging ihm aber trotzdem nicht.

IVALEN

LOKALR

Mit den Trainern des Lokalrivalen redete sich der Sturm-Präsident fast immer leichter, als mit den Präsidenten. Früher stimmte die Gesprächsbasis zu Weltmeister Klaus Augenthaler (oben), jetzt kann mit Werner Gregoritsch auch gelacht werden, egal wie das Derby ausgeht.

Zum Press- und Mühlenfest bei Krone-Fotograf Sepp Pail in Rosenberg bei St. Peter am Ottersbach wurde zunächst dem Präsidenten des Lokalrivalen die „Butten" mit Trauben angefüllt. Dann durften Gummistiefel und Zigarre nicht fehlen, als gemeinsam mit Svetits und dem damaligen Infrastrukturminister Erich Schmidt die Trauben zertreten wurden. Zu besonderen Anlässen wie diesem blieb auch zum Small-Talk mit den „Roten Teufeln" des GAK noch Zeit.

IVALEN

Vier Tonnen Konfetti oder ein steirischer Traum

Auf den Cupsieg folgte für Sturm 1996 ein stürmischer Sommer. Dass Kartnig Osim zunächst mit der Frage *„Wollen Sie Prosinecki von mir?“* entgeisterte, war noch harmlos. Osim antwortete: *„Presidente, sind Sie Träumer?“*, rief aber doch seinen ehemaligen Schützling von Jugoslawiens Nationalteam in Barcelona an, bekam die erwartete Absage. Auch dass Kartnig von der Einladung des spanischen Buserzeugers Irizar ins Baskenland nach San Sebastian nicht nur einen schwarz-weißen Luxusbus, sondern auch den bei Real Sociedad unglücklichen Ex-Rapid-Torjäger Marcus Pürk als Leihgabe mitbrachte, brachte die heile Sturm-Welt nicht in Unordnung. Auch wenn Kartnig im

Das zweite Modell des Sturm-Luxusbusses um sechs Millionen kam letzten Herbst, vier Jahre nach dem ersten. Der Präsident war immer mächtig stolz auf seinen Kauf aus Spanien – doch Ivan Osim sagte 1996 und 2000 dasselbe: „Presidente, aber der Bus spielt nicht!“

Endlich ein internationaler Topstar bei Sturm: Der Präsident holte Giuseppe Giannini selbst vom Flughafen in Wien-Schwechat ab, strahlte mit ihm dann in Graz um die Wette.

Verlauf der Saison noch einige Male über Pürk toben sollte.

Vom Luxusbus wurde im letzten Herbst das neueste Modell geordert – mit computergesteuerten Luxussitzen, Spieltischen, Küche, Fernsehen, Video, Ladestationen für die Handys. Der Preis: Über sechs Millionen Schilling. Die Antwort von Osim hörte sich 2000 genauso wie vier Jahre vorher an: *„Presidente, aber der Bus spielt nicht!"*

1996 sollte endlich ein internationaler Top-Star in Graz spielen. Kartnig telefonierte mit der halben Welt, bis ihm der inzwischen in die Managerszene gewechselte ehemalige schwedische Admira-Legionär Roger Ljung den Tip mit Giuseppe Giannini gab. Der ehemalige Mittelfeldregisseur des italienischen Teams hatte sich mit dem AS Roma zerkracht. Dass er dort zuletzt 15 Millionen Schilling pro Saison kassiert hatte, schreckte Kartnig nicht ab. „Il Principe", der römische

Fußball-Fürst, nahm die Einladung nach Graz an, flog mit Gattin sowie den Managern Vinicio Fionarelli und Vicenzo Morabito von Rom nach Wien. Nicht in der Business Class, sondern in den „Slums". Von dieser Bescheidenheit war Kartnig ganz hin- und hergerissen: *„Ein Sir vom Scheitel bis zur Sohle!"*

Kartnig chauffierte Giannini höchstpersönlich nach Graz, traute sich aber nicht, ihm gleich die legendäre „Gruab'n" mit ihrem baufälligen Kabinenhaus zu zeigen. Lieber zuerst den Rohbau des neuen Stadions in Liebenau. Mit dem Hinweis, dass Sturm derzeit noch auf einem Ausweichplatz spielen müsse, gab sich „Il Principe" zufrieden. Ebenso mit der Gage, die mit fünf Millionen netto pro Jahr kolportiert wurde. Die Dialoge zwischen Kartnig und Giannini verliefen anfangs ohne Dolmetsch nicht ganz unfallfrei. Wollte der eine mit einem lupenreinen *„Guten Morgen"* überraschen und glänzen, konnte es passieren, dass der andere mit *„Buona notte"* antwortete. Und glaubte, dass alles seine Ordnung hatte ...

Giannini da – aber am 11. Juli traf Sturm der Donnerschlag: Kapitän Arnold Wetl vertschüsste sich mit Hilfe des Wiener Anwalts Skender Fani zu Portugals Meister FC Porto, weil er dort pro Jahr das Doppelte von dem verdiente, was Sturm anbot. Für Kartnig und Schilcher hatte Sturm mit Wetl einen mündlichen Vertrag – sie tobten, klagten Wetl bei der FIFA, wollten vom FC Porto zehn Millionen Schilling. In beiden Fällen verlor Sturm – Kartnig war so sauer, dass er nicht mehr in der Chartermaschine des Nationalteams zu den Auswärtsspielen flog, weil er nicht mit Wetl im gleichen Flieger sitzen wollte. Erst im darauf folgenden Frühjahr folgte an der Bar des Hilton-Hotels in Glasgow einen Tag vor Österreichs 0:2 gegen Schottland die große Aussöhnung ...

Wegen Wetl überlegte sogar Osim, die Koffer zu packen – weil abgemacht war, dass nur Markus Schopp oder Wetl abgegeben wird. Jetzt war Schopp in Hamburg, Wetl in Portugal – da überlegte Osim, ob es Sinn habe, den mit Handschlag besiegelten Dreijahresvertrag, der ihm ein Fertighaus seiner Wahl in St. Peter, nur eineinhalb Kilometer Luftlinie von der Kartnig-Villa entfernt, sicherte, einzuhalten. Zum Glück glätteten sich die Wogen. Aber Osims Befürchtung, dass seine Truppe trotz Giannini eher schwächer geworden sei, bewahrheitete sich.

Denn auf dem Spielfeld lief es beim großen Namen aus Italien nicht mehr nach Wunsch. Die Konkurrenz lachte den Verlierer-Typ Kartnig wieder einmal aus: *„Giannini ist in Graz nie richtig vertraut geworden, die Frau und die Töchter haben sich nicht wohl gefühlt!"* Aber sowohl Kartnig als auch Schilcher wollen

Mit Giannini kam Sturm in die Schlagzeilen – jeder Schritt von „Il Principe“ wurde verfolgt. Egal ob im Training bei Regen oder bei der Einkleidung in Trachten-Haute-Couture. Mit Familie Giannini ließ sich der stolze Präsident schon gerne fotografieren.

Das Merchandising mit Giannini sprengte alle bei Sturm bisher gekannten Grenzen – schon deshalb war sein Engagement kein Schlag ins Wasser. Als Sturm mit Gianni im August 1996 in Kapfenberg das Match um den Supercup gegen Rapid 1:0 gewann, kamen sogar Fans von Gianninis Ex-Klub AS Roma in die Steiermark, um sich von ihrem Kapitän zu verabschieden. Auch ein anderer Ex-Star von Roma war in Kapfenberg – der damalige Teamchef Herbert Prohaska. Als der mit Roma 1983 Meister wurde, kam Giannini als Nachwuchshoffnung in den Kader. Die Begrüßung zwischen „Beppe" und Herbert war herzlich.

Giannini am Boden hinter Rapid-Torhüter Michael Konsel. Sportlich lief es mit dem Stareinkauf nicht so wie erhofft – einvernehmliche Trennung im Frühjahr 1997 ohne böse Worte.

auch Jahre später von einer Fehlinvestition nichts hören. Weil das Merchandising mit „Il Principe“ alle bisherigen Grenzen gesprengt hatte, weil die jungen Spieler von ihm im Training viel lernen konnten. Kartnig: *„Seine genauen Passes waren noch immer eine Augenweide. Aber unser Spiel war damals schon schnell. Giannini war das Tempo offenbar zu hoch. Er hat immer eine Bremse hineingebracht!“* Im Frühjahr kam es zur einvernehmlichen Trennung ohne böse Worte – als Sturm zum zweiten Mal hintereinander Cupsieger wurde, war Giannini nicht mehr dabei. In der Meisterschaft gab es nur Platz drei hinter Salzburg und Rapid mit deutlichem Abstand. Schilcher: *„Aber es war sicher kein Zufall, dass nach Giannini Vastic, Reinmayr und Haas ganz groß herauskamen.“* So bekam Sturm sein magisches Dreieck ...

... das in der nächsten Saison zum großen Trumpf werden sollte. Zudem sorgte Kartnig für frisches Blut. Weil er im Frühjahr eine Phase hatte, in der er auf dem Standpunkt stand *„Egal, was der GAK bietet, ich zahle mehr“*, leitete der Präsident den Ex-Bayern-

Platz drei in der Meisterschaft, weit abgeschlagen – der zweite Cupsieg hintereinander war 1997 die Entschädigung. Nach dem 2:1-Finalsieg gegen die Vienna wurde der Präsident mit Champagner geduscht. Riesenstimmung in der Kabine des Happel-Stadions – auch bei Mario Haas und Roman Mählich.

Der 31. Mai 1997 war trotz 3:0 gegen Rapid ein schwarzer Tag für so manche Sturm-Fans: Letztes Spiel in der „Gruab'n“, das ging ihnen nahe. Einige von ihnen raubten nachher noch die Rasenstücke, die übrig geblieben waren.

Spieler Markus Schupp, der auf Wunsch von Trainer Klaus Augenthaler praktisch schon beim Lokalrivalen gelandet war, mit Hilfe von Anwalt Flick noch um. Mit ihm holte er vom FC Basel auch den deutschen Libero Franco Foda. Und von Beginn an lief das Werkel. Die Eröffnung des neuen, 15.500 Zuschauer fassenden und 140 Millionen teuren Stadions – mit allem Pomp und Namensgeber Arnold Schwarzenegger – schien Sturm neue Flügel zu verleihen. Im Premierenspiel gab es gleich einen 4:0-Kantersieg im Stadtderby über den GAK mit Vastic-Festspielen.

Und Kartnig fiel zum neuen Schmuckkasterl gleich etwas Besonderes ein: der Golden VIP-Club, sozusagen ein Rückgriff auf die Jugend, die Zeit als Goldschmiedlehrling. Er hatte ja immer einen Hang zum Schönen – alle VIPs („*... bei mir sollen sie thronen!*“) auf goldfarben bezogenen Stühlen. Der Boden im VIP-Club wurde mit noblen Perserteppichen ausgelegt. Sturms VIP-Karten wurden immer begehrter – diese Saison zahlten schon 450 Mitglieder je 40.000 Schilling. Macht insgesamt 18 Millionen Einnahmen. Kartnig: *„Aber allein wegen dem Golden VIP-Club kommt niemand. Dazu muss schon auch die Mannschaft funktionieren!“*

In den ersten 17 meist ausverkauften Spielen in der neuen Arena feierte Sturm 16 Siege,

Prunkvolle Eröffnung des neuen Schwarzenegger-Stadions mit Namensgeber Arnold. Der berühmteste Steirer der ganzen Welt brachte auch seine Gattin Maria sowie seine inzwischen verstorbene Mutter (rechts neben Frau Landeshauptmann Klasnic) mit.

Beim ausverkauften Eröffnungsspiel gab's gleich eine Sturm-Gala – 4:0 im Grazer Derby gegen GAK. Darauf folgte ein sensationeller Siegeszug – bis zum ersten Meistertitel.

Gruppenbild mit Vorstand vor dem Gold Card VIP-Club im Schwarzenegger-Stadion. Anfangs zählten wirklich nicht alle zu den Kartnig-Befürwortern, heute klopfen ihm alle auf die Schultern. Sie haben´s immer schon gewusst, dass ...

spielte einmal unentschieden – eine Superbilanz. Daher krönte sich Sturm in der Saison 1997/98 so früh wie kein anderes Team in Europa zum Meister. Sieben Runden vor Schluss, am Ostersonntag, war nach einem 5:0 gegen die Wiener Austria bei 22 Punkten Vorsprung auf den Lokalrivalen GAK bereits alles klar. Da lachte sogar Grübler Osim ...

Was dann nach der letzten Runde am 16. Mai 1998 alles passierte, hätte sich nicht nur er freilich nie erwartet. Die von Kartnig ausgedachte und organisierte, vier Millionen teure, via Sponsoren finanzierte Feier zum ersten Meistertitel der Klubgeschichte, sorgte noch wochenlang für Gesprächsstoff. In den Abendstunden dieses Samstags säumten 50.000 jubelnde Menschen die Herrengasse, als die Mannschaft samt Betreuerteam mit Meisterteller in Peugeot-Cabriolets auf den Hauptplatz fuhr. Das größte Fest, das Graz je erlebte.

Kartnigs erste Sturm-Meistertruppe aus der Saison 1997/98. Gelassen präsentierte sie sich schon vor Saisonbeginn – mit dem Meisterteller war dann die Freude gewaltig. Man ließ sich sogar die Haare schwarz-weiß färben ...

Jubelbilder mit dem Meisterteller und Meistermedaillen – da durften die Frau Landeshauptmann und der steirische Sportlandesrat nicht fehlen. Auch ÖOC-Chef Leo Wallner (Mitte) machte die Aufwartung, wurde von der Meisterlaune angesteckt. Die Frau Landeshauptmann umarmte sogar den Präsidenten.

Vier Tonnen Konfetti flogen auf die Meister, als sie in Peugeot-Cabriolets durch die Herrengasse auf den Hauptplatz fuhren. Zu ihren Ehren sang auch die Erste Allgemeine Verunsicherung – mit Klaus Eberhartinger konnte der Bariton des Präsidenten aber doch nicht ganz mithalten.

Chronisten hatten bald herausgefunden, das zuletzt 60 Jahre vorher so viele Menschen auf den Grazer Straßen gewesen waren – allerdings bei einem zweifelhaften Besuch. Bei dem von Adolf Hitler. 60 Jahre nach Hitler regneten in der „Stadt der Volkserhebung" vier Tonnen schwarz-weiße Konfetti, abgeschossen aus 30 Kanonen, auf die neuen Meister herab. Einer von ihnen fiel in der Herrengasse aus dem Auto – der inzwischen aus Hamburg wieder zurückgekehrte Markus Schopp. Aber so kleine Zwischenfälle waren bei dieser Stimmung nicht der Rede wert. Das Riesenfeuerwerk vom Schlossberg dauerte 36 Minuten!

Dass Sturm drei Tage später noch im Meisterrausch das Cupfinale im Hütteldorfer Hanappi-Stadion gegen Ried 1:3 verlor, war den meisten eigentlich ziemlich wurscht. Selbst dem harten Kartnig hatte es beim Konvoi durch die Herrengasse kalte Schauer über seinen breiten Rücken gejagt: *„Ich habe zwar immer damit gerechnet, einmal mit Sturm Meister zu werden, aber das Gefühl von damals werde ich nie vergessen!"* Eine Mischung aus großer Zufriedenheit und der Gewissheit, es geschafft zu haben. Nicht nur, weil die feine Gesellschaft, die ihn auch als Sturm-Präsident anfangs gemieden hatte, ganz anders zu reagieren begann: *„Abbusselt haben's mich, bis mein Gesicht ganz nass war!"*

Der Präsident mit dem Meisterteller – ein Traum ging in Erfüllung. An den er immer geglaubt hatte.

Zum ersten Meistertitel der Klubgeschichte musste natürlich auch ein Riesenfeuerwerk am Schlossberg her – so etwas hatte Graz vorher noch nie erlebt. Es dauerte 36 Minuten!

Eine Meisternacht in Schwarz und Weiß, die erst knapp vor Mitternacht begann und für viele erst nach dem Frühstück endete – da verneigten sich auch Präsident und Trainer vor dem Meisterteller in „Doppelconference".

Sportlich war Sturm um diese Zeit schon top – finanziell nicht. Die Verbindlichkeiten waren auf 27 Millionen angewachsen; Kartnig bürgte für knapp 20. Als er bei Recherchen für dieses Buch vom Chef der Raika in St. Peter erfuhr, dass es eigentlich noch mehr waren, schrie er gequält auf: *„Hör auf, ich will's nicht mehr hören, sonst wird mir noch schlecht!"*

Aber Kartnig hatte Gegenwerte – für ihn war es beschlossene Sache: Sollte der Vormarsch mit Sturm nicht zum durchschlagenden Erfolg werden, sondern schief gehen, müsste er sich eben zum zweiten Mal in seinem Leben von seinem Haus trennen. Aber zum „Worst Case" sollte es nicht kommen ...

Die Qualifikation zur Champions League 1998/99 gegen Ujpest Dosza bedeutete für Sturm kein Problem – da träumten viele schon von einem Höhenflug in Europa. Als die Auslosung in Monaco mit Real Madrid, Inter Mailand und Spartak Moskau schwere Kaliber ergab, zuckte Osim nur mit den Schultern, unterhielt sich Kartnig aber nach den ersten Schreckminuten königlich. Weil GAK-Präsident Fischl und Manager Peter Svetits bei der Anreise zu ihrer Auslosung aufgehalten wurden, erst in den Saal kamen,

Auf dem Kurs Richtung Champions League: Präsident und Kapitän im Cockpit. Beim ersten Anlauf gab's aber eine Bruchlandung ...

Die Champions League-Premiere im Schwarzenegger-Stadion war nicht einmal ausverkauft – 0:2 gegen Spartak Moskau. Auch im berühmten Meazza-Stadion in Mailand sah man am Ende lange Gesichter bei Heinz Schilcher und Hannes Kartnig – bis zur 91. Minute 0:0 gegen Inter, dann noch 0:1 verloren. Das tat weh.

als der UEFA-Cup-Gegner des Stadtrivalen schon feststand. Als der „Kleine-Zeitung"-Journalist Harald Almer Fischl und Svetits mit dem Satz *„Na, ihr seid's a schöne Partie!"* begrüßte, konnte Kartnig das Lachen nicht mehr zurückhalten ...

Das Lachen verging ihm in der Champions League: Teilweise naiv gespielt, zweimal Debakel gegen Real Madrid, in Mailand gegen Inter in der 91. Minute 0:1 verloren, nur einen Punkt (0:0 in Moskau bei Minusgraden gegen Spartak) geholt. Vor allem zeigten die Zuschauer den erhöhten Kartenpreisen die kalte Schulter – trotz der attraktiven Gegner kein Match ausverkauft. Und die Konkurrenz begann nach nur einem Punkt, aber 2:16-

Die Schmerzen wurden gegen Real Madrid noch gesteigert – zweimal Debakel. Zum 1:5 in Graz kam's mit 24 Stunden Verspätung – denn zum usprünglichen Termin stand das Spielfeld des Schwarzenegger-Stadions nach einem Wolkenbruch unter Wasser. Auch Inters berühmter Manager Sandro Mazzola machte Graz seine Aufwartung – er schaute nach Inters 1:0-Auswärtssieg finsterer drein als Kartnig.

Toren schon wieder zu höhnen. Einige feine Herren vom Rapid-Präsidium prophezeiten im noblen Ambiente des Bank Austria-Gebäudes auf der Wiener Freyung – als Antwort auf Kritik der Wiener Medien an ihrer Vereinspolitik – Kartnig den baldigen Finanzkollaps: *„Wir haben es nicht nötig wie der Herr Kartnig, jedem Schilling aus der Champions League nachzuhecheln!“*, behauptete damals der Marketingexperte Josef Hruby. Aber vier Jahre später kann sich Sturm um einiges mehr leisten als Grün-Weiß ...

Sturms Konzentration galt damals bald dem zweiten Meistertitel. Daher lehnte Kartnig im Winter ein von Flick vermitteltes Angebot über 70 Millionen Schilling von Strasbourg für Mario Haas ab – er wollte 100 Millionen. Gab sich ein halbes Jahr später auch mit der Hälfte zufrieden: *„Gut, hab' ich zwanzig Mille verloren – aber wir sind wieder Meister. So bin ich halt!“* Meister nach einem harten Duell gegen Rapid – entscheidend war in der vorletzten Runde das Siegestor von Jan Pieter Maertens in der Nachspielzeit beim Grazer Derby. Da

Die Leistungen der Gegner werden anerkannt, auch wenn's weh tut: Gratulation an Rapid-Keeper Ladi Maier nach dem 1:1 im Schwarzenegger-Stadion. Damit war das heiße Titelduell prolongiert – die Entscheidung für Sturm bedeutete letztlich das Siegestor im Grazer Derby durch Maertens in der Nachspielzeit. Da startete der gestresste Präsident zum Jubeltanz vor der Betreuerbank.

Wieder Meister – als Ligavorstand Reinhard Nachbagauer 1999 Ivo Vastic den Meisterteller überreichte, war der Jubel im ausverkauften Schwarzenegger-Stadion wieder groß. Keiner entging der Champagnerdusche – auch Meistermacher Ivica Osim nicht. Das amüsierte auch die Bundesligasekretärin Karin Kalcher etwas.

hatte Kartnig längst seinen Platz im Golden VIP-Club verlassen, stand gegenüber unten neben der Betreuerbank, fieberte mit. Die Nervosität und Aufregung während eines Spiels macht sich bei ihm stets durch Magenschmerzen bemerkbar ...

Die Feiern zum zweiten Titel waren nicht so ausgelassen wie nach dem ersten – man begeht ja den gleichen Fehler nicht zweimal. Schließlich wartete wieder das Cupfinale, und es sollte das erste Double der Vereinsgeschichte her. Auch das funktionierte – Sieg über den LASK im Elferschießen. Der dritte Erfolg in diesem Frühjahr – der erste war es gewesen, seine Evelyn beim Friseur kennengelernt zu haben. Bei einer Frau schaut ja der Herr Präsident nach eigenen Angaben immer zuerst auf die Beine. Lange Beine in kurzen Röcken findet er sehr erotisch ...

Ende August nahm er die Evelyn erstmals nach Monte Carlo zur Auslosung der Champions League mit – Servette Genf konnte in der Qualifikation ausgeschaltet werden. Das tat auch der Kassa gut. Beim zweiten Anlauf warteten Titelverteidiger Manchester United, Olympique Marseille und Croatia Zagreb. Auch da machte sich bald Tristesse breit – drei Niederlagen hintereinander in Marseille, daheim gegen Manchester und in Zagreb. Aber dann gelangen daheim gegen Croatia und Marseille die ersten Siege in der Cham-

Der Abschied von Mario Haas nach Straßburg war der kleine Wermutstropfen beim zweiten Meistertitel – als der hier noch lächelnde Osim später Haas umarmte, flossen die Tränen. Hätte Kartnig Haas schon sechs Monate vorher verkauft, wären 20 Millionen Schilling dabei mehr herausgesprungen – aber dann hätte der Präsident vielleicht auch nicht zum zweiten Mal stolz die Meistermedaille am Hals tragen können ...

Die zweite Meisterfeier war zwar nicht so euphorisch wie die erste – aber die Menschenmassen am Hauptplatz waren wieder beachtlich. Und der Präsident war auf den Meisterteller mindestens ebenso stolz wie beim ersten Mal.

DEN BESTEN
PRÄSIDENTEN HAMMA!
Z'erst hot er uns zum Master g'mocht,
daunn in die Championsliga brocht.
Weil miteinander g'winnen tamma,
SK Sturm und Puntigamer!
PUNTIGAMER
EIN STEIRISCHES BIER
PUNTIGAMER DAS "BIERIGE" BIER
DAS „bierige" BIER
www.puntigamer.at

ANELKA CELLERATOR
PUMA
puma.com

Der Doppelmeister Hannes Kartnig lachte mit der Meistermedaille um den Hals im Arm des Bürgermeisters Stingl, als ihn „Vizepräsident“ Robert Seeger interviewte. Mario Haas verabschiedete sich zum x-ten Mal nach Strasbourg – als er mit den „Weather Girls“ tanzte, wusste er nicht, dass er 20 Monate später zurückkehren sollte. Weil Kartnig sein Ehrenwort hielt ...

Kartnigs schönste Eroberung mitten im aufreibenden Titelkampf hieß Evelyn – sie ist bis heute an seiner Seite. Beim Meisterbankett 1999 saß sie bereits mit der Frau Landeshauptmann, ÖFB-Boss Beppo Mauhart und ORF-Sportchef Elmar Oberhauser an einem Tisch.

0:3 gegen Manchester – die vorletzte Enttäuschung in der Champions League 1999. Sturm kassierte unnötige Tore, vergab durch Vastic einen Elfer – aber Roman Mählich blieb dem berühmten David Beckham in einem Privatduell (oben) überhaupt nichts schuldig.

Das Tor zum ersten Sturm-Sieg in der Champions League gegen Croatia Zagreb durch Tomislav Kocijan im Liegen – für alle eine Erlösung. Endlich die Jubelwelle – als Kocijan (21) auch noch Olympique Marseille „erschoss“, näherte sich Sturm wieder der Euphorie.

Alles Gute zum 48. Geburtstag – Küsschen und Torte vor laufenden ORF-Kameras für den Präsidenten vor dem 3:2 gegen Marseille. Von der Jubelstimmung ließ sich auch Ivan Osim anstecken. Nichts mehr von einem nachdenklichen Osim wie nach dem 0:3 gegen Manchester, nein, er konnte sogar auch lachen ...

pions League – daher am Ende schon Dritter, nicht mehr Letzter, weiter im UEFA-Cup gegen Italiens Starteam AC Parma.

Das hatte Sturm nach einem 1:2 im Hinspiel daheim praktisch schon ausgeschaltet, führte im Nachspiel bereits 3:1, ehe eine abgerissene Flanke von Stanic smat der darauffolgenden umstrittenen Schiedsrichterentscheidung für die unglückliche Wende sorgten. Ende 3:3, Parma weiter – aber Kartnig und Sturm hatten genug verdient, um weiter zu investieren. Zwei Millionen US-Dollar in Andre Fleurquin, einen Mittelfeldspieler aus Uruguay – nach damaligem Kurs 28 Millionen Schilling. Der bisher teuerste Einkauf in Österreich. Dazu als Draufgabe noch Russlands Ex-Teamstürmer Sergej Yuran. Der sollte noch so manches wichtige Tor erzielen ...

Auch im UEFA-Cup gegen Italiens Millionenteam Parma schien Sturm auf der Erfolgswelle zu bleiben. Hannes Reinmayr bejubelte sein 3:1 im Nachspiel (links) – das wäre der Aufstieg ins Viertelfinale gewesen! Aber dann sorgte der jugoslawische Referee Miroslav Radoman aus Novisad für Entsetzen und Ärger bei Osim, lachte Ivo Vastic aus, als der eine Fehlentscheidung reklamierte. Radoman gab Tor für Parma, als Schicklgruber eine abgerissene Flanke von Stanic abwehrte und dabei mit den Füßen hinter der Linie stand. Für ihn und den Linienrichter war nach gut fünfminütigen Diskussionen, bei der ihre Körpersprache verriet, dass sie nichts genau wußten, der Ball mit vollem Umfang hinter der Linie – sie müssen Radaraugen gehabt haben. Am Ende musste Reinmayr Pechvogel Schicklgruber trösten.

Zwei Millionen Dollar, rund 28 Millionen Schilling für Uruguay-Star Andre Fleurquin – damit war er im Winter 2000 der bis dahin teuerste Sturm-Einkauf. Er kam mit Eltern und Schwester nach Graz – der Präsident strahlte. Zu Fleurquin kam auch Russlands Teamstürmer Sergej Yuran – trotzdem reichte es nicht mehr, um den FC Tirol von Platz eins zu verdrängen. Aber Yuran sollte im Herbst noch entscheidende Tore in der Champions League erzielen.

Aber trotz Fleurquin und Yuran wurde es 2000 nichts mit dem dritten Meistertitel hintereinander – der im Herbst eingehandelte Rückstand auf den FC Tirol (mitunter sogar 14 Punkte) konnte nicht mehr ganz aufgeholt werden. Nur Vizemeister – aber das reichte Kartnig völlig. Weil auch der Vizemeister Qualifikation für die Champions League spielen durfte: *„In der Meisterschaft kannst' nie so viel verdienen. Der Meistertitel kostet doch nur Prämien. Marie siehst nur, wenn du in die Champions League kommst!"*

Bevor es bei Sturm zum dritten Mal dazu kam, lieferte der Präsident andere Schlagzeilen! Herr Kartnig kaufte sich einen Rolls Royce, ein Corniche Cabriolet, von dem es nur wenige auf der Welt gibt! Kostenpunkt: 5,5 Millionen Schilling, für ihn ein *„Genuss, wie für andere a g'schnitzte Madonna!"* Die Rolls-Geschichte begann bei einer Einladung der „Kleinen Zeitung" im „Wirtshaus Steirereck" am Pogusch: Kartnig traf den bekannten Schauspieler Tobias Moretti, den ersten Hauptdarsteller der TV-Serie „Kommissar

Auch der Vorstand muss für das offizielle Foto in Reih und Glied stehen – der Präsident als lachender Dirigent.

Der Rolls Royce kommt von Wien nach Graz – das war sogar ein Medienereignis. Und der Präsident versteckte nicht seinen Stolz über sein Luxusgefährt.

Rex“. Moretti kam mit einem Bentley, antwortete auf Kartnigs Frage, wie denn der Bentley sei, kurz und bündig mit *„Nichts!“*. Das rief den Pressechef von Porsche Austria namens Becker auf den Plan. Der holte Kartnig zur Seite, sagte ihm: *„Glauben's nicht dem Moretti, der kann nicht autofahren. Wir stellen Ihnen einen Tag lang einen Bentley gratis zur Verfügung!“* Als Kartnig Wochen später in Wien den Bentley abholen wollte, sah er in der Auslage die Corniche stehen. Sein erster Eindruck: *„Unwahrscheinlich schön!“* Also „umgebucht“ von Bentley auf Rolls. Nach Probefahrt, Verhandlungen über Preisnachlass etc. – daheim dann der große Kassensturz: Kann ich mir das Auto leisten? Er konnte, wäre sogar bereit gewesen, für die Corniche die Garage umzubauen, wenn es nötig gewesen wäre und hat es bis heute nicht bereut. Seit Februar verstärkt übrigens noch ein neuer BMW X 5 Kartnigs Autoflotte.

Dass der Rolls so viel Aufsehen erregte, sogar ein ORF-Team dabei war, als der Rolls im Juli 2000 auf einem Sattelschlepper von Wien nach Graz kam, störte Kartnig nicht: *„Ich hab' ja nichts zu verbergen, zahl' genug Steuer dafür!“* Die Werbeaufnahmen machte er, um den Preis zu senken. Negativerlebnisse? Eher nicht. Dass Sturm-Vorstandsmitglied Robert Boldischar einmal im Sturm-Trainingszentrum hinten in den Rolls hineinrollte, ist schon vergessen: *„An seinem japanischen Auto war ja viel mehr hin als bei mir!“* Negative Reaktionen auf Kartnig im Rolls will er nicht bemerkt haben: *„Im Gegenteil, die Leut' freuen sich, wenn's mich in so einem schönen Auto sehen.“* Nur zwei korpulentere Damen, nach Kartnigs Einschätzung etwa je 150 Kilo schwer, riefen ihm einmal *„Angeber, Angeber“* nach. Da blieb er stehen: *„Als ich nur sagte, was is jetzt, was is jetzt, sind's sofort verschreckt davongewatschelt. Weil rennen habens eh nicht gekonnt, die Wapplerinnen!“*

Keine Wappler waren die Spieler in der Champions League – schon an die Qualifikation gegen Feyenoord, ohne den am Knie verletzten Ivo Vastic, glaubten nicht alle – 2:1 in Graz, 1:1 im „De Kuip“-Stadion von Rotterdam. Aus Holland flogen Kartnig samt Evelyn, Schilcher und Osim direkt zur Auslosung nach Monaco. Im Hotel „Heremitage“, nur wenige Schritte vom berühmten Casino und „Café de Paris“ entfernt, brachte am Tag der Auslosung Evelyn ihrem Hannes die aus dem Sturm-Sekretariat gefaxten Zeitungsausschnitte an den Frühstückstisch. Da sah der Präsident, dass er im rosafarbenen „Standard“ erstmals als „Kopf des Tages“ geadelt wurde. Das packte er nicht: *„Bist denn du deppat? Ich der Kopf des Tages? A Waunsinn!“* Der Satz wiederholte sich, begleitet von einem Kopfschütteln, gut zehnmal.

Das Los mit UEFA-Cup-Sieger Galatasaray Istanbul, den Glasgow Rangers und Monaco

Beim Bankett lachte auch noch Feyenoords Präsident Jorien van den Herik – das verging ihm am Abend, als Markus Schopp jubelte.

Karrikatur von Petar Pismestrović in der „Kleinen Zeitung" – die Champions-League-Zigarre brennt wieder.

Für jeden p.r.-Gag zu haben: Zur Einstimmung auf die Glasgow Rangers als Dudelsackbläser. In Glasgow wurde dann aber Sturm der Marsch geblasen.

Erstmals in der Champions League restlos voll – und dann ein denkwürdiger Abend mit dem 3:0 gegen UEFA-Cup-Sieger Galatasaray Istanbul. Als Erster bezwang Sergej Yuran Brasiliens Weltmeister Taffarel im Tor von Galatasaray – da brach auch bei der Prominenz die Euphorie aus. Vizekanzlerin Riess-Passer riss die Hände jubelnd in die Höhe, vor Kartnig und seiner Evelyn applaudiert die Frau Landeshauptmann.

Über den Dächern von Monaco – nach dem 0:5 explodierte dann aber der Präsident. Das 2:0 im Heimspiel gegen Frankreichs Meister besänftigte ihn dann aber wieder – selbstbewusst kündigten er und Manager Heinz Schilcher dann mit einem Lachen im Gesicht dem holländischen Trainer der Glasgow Rangers, Ex-Teamchef Dick Advocaat, Revanche für die Abfuhr von Glasgow an – zu der kam es auch!

erschütterte Kartnig nicht im geringsten – als er gleich Platz zwei und den Aufstieg als Ziel nannte, schien Osim kurzfristig zur Salzsäule zu erstarren. So wie beim Auftakt – dem 0:5 in Glasgow gegen die Rangers. Da nahm sich der Trainer sogar eine kurze Auszeit, überlegte tatsächlich seinen Rückzug: *„Das war die heikelste Situation, seit er bei uns ist"*, bestätigte Osim-Freund Schilcher im Nachhinein.

Der ebenfalls saure Präsident war nicht bereit, auch nur einen Millimeter von seinem Trainer abzurücken, wollte hingegen Spieler opfern – aber mit dem 3:0-Heimsieg über Galatasaray, bei dem erstmals in der Champions League das Schwarzenegger-Stadion restlos voll war, kam die große Wende zum Guten.

Der Rest: Noch eine 0:5-Abfuhr in Monaco (danach beschimpften die eigenen Fans die Spieler noch als *„Scheiß-Millionäre"*), daheim 2:0, dann auch 2:0 gegen Glasgow Rangers, dann 2:2 in Istanbul gegen Galatasaray. Das Gefühl nach dem Schlusspfiff im Ali Sami Yen-Stadion war für alle noch toller als das nach dem ersten Meistertitel. Schon die letzten Minuten, als auch die türkischen Fans begeistert aufschrieen, als sich Galatasaray und Sturm nur noch den Ball zuschoben, weil das Remis beiden reichte, da auch die Glas-

In Istanbul begann sofort Kartnigs Handy zu läuten – Interview am Flughafen, gut bewacht von Polizisten. Angespannte Mienen vor dem Anpfiff beim Führungstrio – gejubelt konnte erst nach der Pause werden. Zuerst nach dem 1:1 durch den zur Pause eingewechselten Yuran – da gratulierte Kapitän Ivo Vastic herzlich.

Die zweite Führung für Galatasaray warf Sturm auch nicht um – Markus Schopp war nicht mehr zu stoppen – das 2:2 war sicher das bisher wichtigste Tor in seiner Karriere. Da sank er jubelnd in die Knie – danach war er unter lauter Helden der größte. Ein steirischer Traum war erfüllt.

Ganz Österreich stand Kopf, speziell natürlich Graz, als die Helden am nächsten Tag aus Istanbul zurückkehrten – ein Sturm-Fahnenmeer in Thalerhof. Mit einem Lächeln verdrängte Tomislav Kocijan auch gekonnt die Spuren der langen Siegesfeiern ...

Was mach' ich mit den vielen Millionen aus der Champions League? Investieren! „Sturm ist ja kein Sparverein!"

gow Rangers und Monaco unentschieden gespielt hatten, waren ein Erlebnis. Hollywood in Istanbul! Dann erst recht die langen Aufstiegsfeiern im Nobelhotel „Kempinski" am Bosporus, bei der im Morgengrauen Schilcher zu Kartnig sagte: *„Hätte ich dir vor drei Jahren nach der Giannini-Sache gesagt, dass wir in Europa noch gut rauskommen, hättest du mich psychiatrieren lassen!"*

Am nächsten Tag die Rückkehr nach Graz. Die Landeshauptfrau Waltraud Klasnic und tausende Fans am Flughafen – da wußte Kartnig: *„Das muss uns erst einmal einer nachmachen. Solche Erfolge muss man auskosten!"*

Hannes und die Referees

Egal, ob Benkö, Stuchlik, Plautz, Schüttengruber usw. – bisher gab es kaum einen Referee, der von einer öffentlichen Kartnig-Abreibung verschont blieb. Mit Ligasekretär Fritz Stuchlik setzte er sich einmal nach einem Grazer Derby sogar für den ORF zur Konfrontation in einen Boxring – alles halb so schlimm. Dass er sich im Herbst 2000 mit Österreichs neuer Nummer eins, dem Tiroler Laufwunder Konrad Plautz, nach dem 0:1 gegen Austria im Horr-Stadion anlegte, weil der einen klaren Elfmeter für Sturm übersehen hatte, kostete ihn 20.000 Schilling Geldstrafe. Denn bei der Aufforderung zu einer Stellungnahme setzte Kartnig (der im TV-Boxring den beweglichen Plautz wohl nie erwischt hätte) in seiner Wut noch einen drauf, empfahl dem 1,72 Meter großen Unparteiischen aus dem Wipptal sich höhere Spezialschuhe zwecks mehr Übersicht anzuschaffen. Und gab auch noch Österreichs Schiedsrichterchef Franz Wöhrer, der als Plautz-Förderer gilt, noch eine mit, nannte ihn einfach „Wöhry" ...

Günther Benkö, Österreichs WM- und EM-Referee, kann sich noch an Zeiten erinnern, zu denen ihm Kartnig via Hörfunk-Interview riet, besser im Burgenland zu bleiben, wenn er für Sturm-Spiele in Graz besetzt war: *„Er schlägt zwar mitunter über die Stränge, ist aber kein Feind der Schiedsrichter"*, glaubt Benkö erkannt zu haben, *„... er ist einer der wenigen Präsidenten, die vor und nach dem Spiel das Gespräch mit dem Schiedsrichter suchen. Diskussionen mit ihm konnten auch sehr schön sein!"*

Wieder kein Heimtor im zweiten Anlauf gegen Manchester United– Kocijan hatte dabei auch Pech. Für RTL kommentierte dieses Match der deutsche Trainerguru Otto Rehhagel – er ließ sich interessiert von Kartnig den steirischen Erfolgsweg schildern.

Kartnig habe akzeptiert, dass auch Schiedsrichter Menschen sind, die Fehler machen dürfen: *„Man kann mit ihm gut auskommen!"*

Sein letztes Meisterschaftsspiel in Österreich pfiff Benkö in Graz bei Sturm – Admira Mödling im November. Und dabei zeigte sich Kartnig von der noblen Seite, schenkte Benkö im Namen Sturms einen steirischen Lodenmantel und einen schönen Zinnteller ...

Mit Abschiedsgeschenken für Topreferee Günther Benkö.

Einmal lustig, dann wieder ernst mit großen Zielen vor Augen – die Sturm-Troika mit Hannes Kartnig, Heinz Schilcher und Ivan Osim.
Und Kartnig versichert mit der Bierruhe des ersten Ehrenbrauers der Brau-Union (links bei der Verleihungszeremonie mit Vorstandsdirektor Kommerzialrat Hans Sulzberger): „Uns kann keiner sprengen!"

Der steirische Traum erfüllt – aber das soll noch nicht alles sein: *„Uns kann keiner sprengen"*, sagt Kartnig über die Zusammenarbeit mit Schilcher und Osim. Er regt sich längst nicht mehr darüber auf, dass Osim, wenn Entscheidungen zu fällen sind, nicht klipp und klar *„Ja"* oder *„Nein"* sagt, sondern seine Sätze meist mit *„Schwer ist"* beginnt. Schilcher kann aus Osims Andeutungen ohnehin sehr gut heraushören, was der Trainerfuchs denkt – und im „Notfall" kauft dann Kartnig in Eigenregie. So sei das, laut Präsidenten, nicht nur im letzten Herbst bei Mamedow und Ibertsberger der Fall gewesen, sondern zuvor auch bei Strafner, Kocijan, Schupp, Foda, Mählich und Reinmayr. Schilcher dazu lachend: *„Ganz so ist es nicht, da würden ja für Ivan und mich nicht mehr viele übrig bleiben!"*

Aber solche Ansagen stören Schilcher nicht im geringsten – genauso wenig, wie Kartnig verbale Revanche-Attacken des Managers zum Jahreswechsel im „Sportmagazin" auf die Waagschale legte. Schilcher: *„Wir sind nicht immer sehr nett zu ihm, er mitunter nicht zu uns – aber wir wissen, was wir aneinander haben. Und der Hannes weiß genau, dass es kein Problem für den Ivan ist, morgen irgendwo anders anzufangen, wenn er bei uns nicht mehr will! Aber wir schirmen ihn ohnehin sehr gut von zu viel Kleinkram, der ihn ärgern könnte, ab"*
Kartnig will am liebsten nochmals sechseinhalb Jahre mit Osim zusammenarbeiten: *„Keiner kann mich so gut nehmen wie er. Er weiß genau, mit welchen Argumenten er kommen muss, damit es keine Probleme mit mir gibt. Das gefällt mir!"*

Fußballphilosoph Osim will hingegen noch nicht bemerkt haben, dass sich Kartnig am ehesten und am liebsten von ihm beeinflussen lässt. Er schätzt seinen Präsidenten als immer etwas reservierten Menschen ein, der nie totales Risiko nimmt, der weiß, wie weit er gehen kann, der gerne viele Meinungen hört, bevor er sich zu etwas entschließt. Kartnigs polternde Art? *„Die kann man akzeptieren oder nicht. Aber ein Präsident hat alle Rechte, etwas zu sagen. Aber punkto Psychologie hat der Hannes schon sehr viel dazugelernt, seit wir zusammenarbeiten. Wie es gelaufen wäre, wäre über längere Zeit der Erfolg ausgeblieben, weiß ich wirklich nicht. Vielleicht wäre das interessant!"*
Nochmals fast acht Jahre mit Präsident Kartnig? *„Puuh, dann brauch ich einen neuen Job!"*

Aber der Hannes kann sich die Fortsetzung seines steirischen Traums nur mit Osim und Schilcher vorstellen: *„Der Sprung unter die besten 16 in Europa soll künftig nicht die Endstation sein, ich will noch weiter kommen. Obwohl das Finale der Champions League für einen Klub aus Österreich fast unerreichbar ist!"* Aber für ihn ist es schon sensationell, dass Sturm in den letzten drei Jahren 27 Millionen Defizit in ein Plus am Konto in dreistelliger Millionenhöhe ver-

DER GURU IM WANDEL DER ZEIT

Willkommensgruß von Freund Heinz Schilcher – aller Anfang war schwer.

Der berühmte Haltegriff für Osim auf der Sturm-Betreuerbank in der „Gruab'n" – so wie in der Straßenbahn.

Die Premiere in der Champions League war zum Ärgern – kein Sieg.

Ein Gruß zum 58. Geburtstag auf der Anzeigetafel im Schwarzenegger-Stadion.

Da waren die Haare noch viel länger als heute, hatte Osim ein bisschen etwas von Beethoven – und der erste Titel war da.

Die große Erfolgsserie begann – der Blick von Osim scheint zu sagen: Bitte nicht schon wieder einen Kuss, Presidente!

Mit dem Sohn des berühmten Ernst Happel im De Kuip-Stadion von Rotterdam, wo dessen Vater wahre Triumphe gefeiert hatte. Happels sportliche Feyenoord-Erben scheiterten an Sturm.

2001 ein skeptischer Blick unterm Winterhimmel – was kauft der „Presidente" tatsächlich ein? Schwer ist. Aber Hlinka, Amoah, Haas – wirklich in Ordnung.

wandeln konnte, das nur unwesentlich unter der 200er-Grenze lag. Den Kontostand zeigte er vor Weihnachten 2000 stolz auf der Raika in St. Peter fast jedem, der ihn sehen wollte, sagte dazu auch bereitwillig: 92 Millionen Budget, 18 Millionen Einnahmen durch Sponsoren, 43 in der Meisterschaft, 4,5 Millionen Subvention pro Saison vom Land Steiermark, der große Gewinn durch die Champions League. Landeshauptfrau Waltraud Klasnic: *„Sturm hilft, dass unser Land national denkt!“*

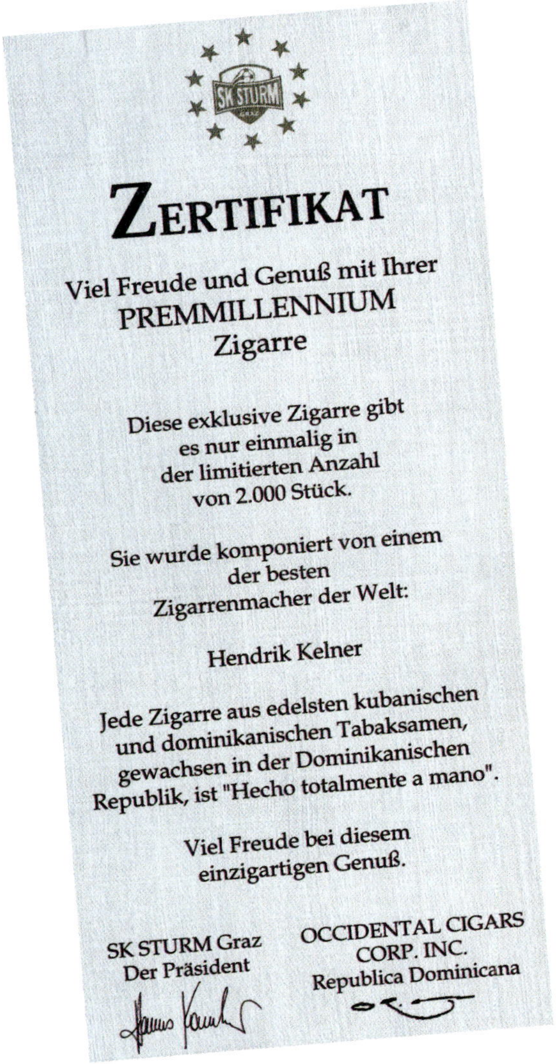
SK STURM GRAZ

ZERTIFIKAT

Viel Freude und Genuß mit Ihrer
PREMMILLENNIUM
Zigarre

Diese exklusive Zigarre gibt
es nur einmalig in
der limitierten Anzahl
von 2.000 Stück.

Sie wurde komponiert von einem
der besten
Zigarrenmacher der Welt:

Hendrik Kelner

Jede Zigarre aus edelsten kubanischen
und dominikanischen Tabaksamen,
gewachsen in der Dominikanischen
Republik, ist "Hecho totalmente a mano".

Viel Freude bei diesem
einzigartigen Genuß.

SK STURM Graz
Der Präsident

OCCIDENTAL CIGARS
CORP. INC.
Republica Dominicana

Kartnig kann die Tätigkeiten für Sturm und seine Werbefirma perfekt kombinieren – durch Sturm bekommt er die Kontakte, die er dann auch wieder für Sturm nützt. Und indem er die großen Firmen schon direkt anspricht, umgeht er die Agenturen, spart damit fette Provisionen. Da kann man sich nobel zeigen: Letzte Weihnachten verschenkte Sturm 2000 Stück Premmillenniums-Zigarren aus der Dominikanischen Republik im noblen Holzetui samt Zertifikat (siehe links). Kartnig: *„In Österreich machen das sicher nur wir!“* Und konnte wohl auch nur Sturm 54 Millionen Schilling Ablöse an den Schweizer Meister St. Gallen für den 25jährigen ghanesischen Torjäger Charles Amoah investieren – der bisher teuerste Einkauf. Sturm löste einen Rekord (Fleurquin) durch den anderen ab. Und dazu fixierte Kartnig aus der argentini-

Sturms größte Winter-Investition aller Zeiten: Zum Rekordkauf Charles Amoah (links) noch die Heimkehr von Mario Haas.

Der Schweizer Schützenkönig aus Ghana, Charles Amoah streifte mit dem Ruf, ein toller Spieler zu sein, den Sturm-Dress mit der Nummer 33 über. Den Vertrag zum 54-Millionen-Deal unterschrieb Kartnig auf der Südamerika-Kreuzfahrt mit dem Luxusliner „MS Europa".

schen Weinbaumetropole Mendoza die Rückkehr von Mario Haas. Um 22 Millionen billiger als beim Verkauf 1999. Ein gutes Geschäft. Kartnig löste das Ehrenwort ein, das er Haas beim Abschied gegeben hatte: *„Wenn es Dir in Strasbourg schlecht geht, ist bei uns immer ein Platz für dich!"* Der Dank von Haas: In seinem ersten Match im Schwarzenegger-Stadion seit Juni 1998 schoß er am 14. Februar 2001 vier Minuten nach seiner Einwechslung das Führungstor gegen Panathinaikos, machte so den Weg zum ersten Sieg in der Zwischenrunde frei.

Wie Hollywood in Graz. Trotz Rekordkauf Amoah und der Heimkehr des verlorenen Sohnes Haas sowie dem Engagement des slowakischen Olympia-Teamspielers Hlinka blieb der Millionenstand am Sturm-Konto noch immer dreistellig!

Kartnig hatte schon genug Angebote, in die Politik (*„Ich wähle stets Personen, keine Parteien"*) zu wechseln. Die ÖVP, die FPÖ und die Liberalen wollten ihn haben – Kartnig sagte stets ab. Hat inzwischen schon endgültig für sich entschieden, nie den Sprung auf das politische Parkett zu wagen: *„Das würde einen Verlust von Lebensqualität bedeuten. Das seh' ich ja bei meinem Freund Hirschmann!"*

Sturm-Präsident soll für ihn die Endstation sein – damit ist er ausgefüllt. Die Verjüngung der Erfolgstruppe, ein neues Super-Trainingszentrum in Messendorf für mehr als 100 Millionen, um vielleicht mehr „Selbstversorger" zu werden. Mit seiner Devise will er sich auch die Fortsetzung und Steigerung seines steirischen Traums erfüllen. Die Devise? *„Ich bin kein Nehmer, eher ein Geber. Ich will den Leuten*

Die ersten zwei Sternstunden Sturms im Jahr 2001: Am 14. Februar sorgte Heimkehrer Mario Haas vier Minuten nach seiner Einwechslung für das Führungstor gegen Panathinaikos Athen. Nach einem Lochpass von Prilasnig überspielte er den Torhüter, schoss mit links zum 1:0 ins leere Tor. Endstand 2:0 – danach umarmten sich der Torschütze und der Präsident noch am Rasen. Kartnigs Heimholaktion war schon im ersten Match ein voller Erfolg.

Ebenso beim zweiten am 20. Februar in Athen. Das 2:1 bedeutete Sturms ersten Auswärtssieg in der Champions League. Tore von Haas und Schopp machten das möglich. Neun Millionen der Haas-Ablöse waren damit wieder herinnen.

Mit seinem Freund Gerhard Hirschmann und dessen Freundin Brigitte Tripp – an seinem Beispiel erkannte Kartnig, dass der Sprung in die Politik einen Verlust an Lebensqualität bedeuten würde.

Kartnig wählt nicht Parteien, sondern Personen, die ihn überzeugen – einmal war das auch Franz Vranitzky.

etwas Schönes geben!" In Form von vielen Sturm-Siegen. Und einmal zu einem anderen Klub? *„Da wäre nie so viel Herz von mir dabei. Ich könnte mir vorstellen, mit Rapid oder Austria ähnliche Erfolge zu feiern. Aber nur, wenn's mich bei Sturm schwer ärgern. Das wäre dann der Antrieb, es allen wieder zu zeigen!"* Dass es so weit kommt, ist aber derzeit unvorstellbar. Denn er kehrte im Februar 2001 mit Vorverträgen für zwei chilenische Teamspieler zurück. Die sollen im Sommer kommen: „Keine Spitz-Volley-Schießer. *Mit denen wird's beben und rauschen in unserem Fußball. Sturm ist alles, nur kein Sparverein!"*. Redet so einer, der an Rückzug denkt?

Aber er hätte schon Vorstellungen, wie ein Leben ohne Fußball aussehen könnte: Alle berühmten alten Opernhäuser dieser Welt bereisen. Oder wochenlang im berühmten Louvre von Paris oder im Prado von Madrid die „herrlichen und wunderbaren Gemälde" der alten Meister zu studieren: *„Was mich so fasziniert– die haben damals alle sicher ohne Stress malen können!"* Ein Kartnig ohne Stress – eigentlich nicht vorstellbar.

Am 27. Oktober wird Hannes Kartnig 50 – die Fete dazu im Schwarzenegger-Stadion hat er schon im Kopf. Unter der Devise: Alles frei! Eintritt, Bier, Würstel und die große Show-Time!

Hannes der Bankett-Kaiser

Egal, ob im Palais Attems, im Schloß Eggenberg oder im Wirtshaus Steirereck am Pogusch, die Bankette von Sturm Graz vor seinen heimspielen in der Champions League sind legendär. Deshalb ernannten die Kollegen der europäischen Großklubs Hannes schon zum ungekrönten Bankett-Kaiser. Auch Manchester United-Sir Bobby Charlton (oben links) war von der steirischen Gastfreundschaft sehr angetan. Der damalige Real-Madrid-Präsident Lorenzo Sanz griff zur Geige, um Kartnig am Kontrabass nicht allein zu lassen. Vom geschenkten Hubertus-Mantel war Sanz so beeindruckt, dass er sich sein diamantenes Real-Abzeichen vom Revers riss und es Kartnig überließ. Auch für Galatasaray-Vize-Präsident Celal Gürcan gab es im noblen Rahmen ein schönes Geschenk.

Hannes auf Einkaufstournee

Wenn der Präsident zum Einkaufen wild entschlossen ist, dann bleibt kein Auge trocken. Egal, ob es sich dabei um Fußballer handelt oder um privates Shopping. Da zieht er eine Spur quer durch Europa. Tatort Bordeaux, Juli 1998 bei der WM: Der frisch gebackene Meisterpräsident Kartnig stieg auf eigene Kosten im Sponsorhotel des ÖFB, im „La Reserve" in Pesac bei Bordeaux ab, suchte auch eine Verstärkung für die Sturm-Abwehr. Der chilenische Innenverteidiger Javier Margas und sein Landsmann Francisco Rojas stachen ihm ins Auge. Mit ihnen wollte Kartnig unbedingt reden. Und das vor dem WM-Spiel Österreich gegen Chile. Denn die Chilenen wohnten auch im Hotel „Mercure" in Bordeaux–Lac, nur zwanzig Kilometer von Kartnigs Hotel entfernt. Von ÖFB-Generalsekretär Gigi Ludwig hatte Kartnig eine Akkreditierung bekommen. Zuerst versuchte er es beim Training. Bei Chiles Pressetermin wurde Kartnig aber von chilenischen Offiziellen gebeten, den Raum zu verlassen. Also mischte er sich unter die chilenischen Fans, die draußen warteten. Ein TV-Team der ORF brachte Margas zu Kartnig, der übergab seine Visitenkarte. Margas schrieb seine Zimmernummer im Hotel drauf. Ein ähnliches Spiel mit Rojas – auch der bekam eine Visitenkarte. Der vereinbarte mit Hilfe des chilenischen Pressechefs einen Termin für nächsten Tag, ein Uhr Mittag, im Hotel „Mercure".

Am Montag chauffierte Ludwig Kartnig mit einem offiziellen Auto der österreichischen WM-Delegation zum Quartier der Chilenen,

Mitbringsel von der WM: Didier Angibeaud, Teamspieler aus Kamerun – leider fast immer verletzt. Osims Blick sagt alles.

damit es keine Probleme mit dem Zutritt gab. Aber bevor Kartnig nach einem Espresso mit Margas und Rojas reden konnte, erkannte ihn jener Funktionär, der ihn am Tag vom Pressetermin gestampert hatte, ließ Kartnig sofort durch die Sicherheitskräfte auffordern, das Hotel sofort zu verlassen. Ludwig war, Böses ahnend, zur Sicherheit schon vorher weggefahren – Kartnig trat den Rückzug mit dem Taxi an. Die „Kronen-Zeitung" titelte: „Chili con Kartnig" – Margas landete aber in London bei West Ham (zweieinhalb Jahre später musste er wegen Knieproblemen seine Karriere beenden). Heuer traf ihn der Präsident bei seinem Urlaub in Santiago de Chile.

Kartnig brachte von einem anderen Gegner Österreichs doch noch einen Spieler nach Graz mit: Kameruns Mittelfeldmotor Didier Angibeaud. Aber der war dann in Graz leider öfter verletzt als fit, brachte Kartnig zuletzt aber doch noch zum Staunen: Als er Sturm seine „Arbeitsunfähigkeit" mitteilte, aber auf die Vertragsauflösung mit einer Klage dagegen reagierte. Da verstand Kartnig die Welt nicht mehr ...

Tatort London, Bond Street: In einem Antiquitätenladen sah Kartnig einen Tisch, den er liebend gerne in sein Präsidentenbüro transferiert hätte. Den Preis, 550.000 englische Pfund, rechnete Kartnig aber falsch um – mit 1,1 Millionen Schilling. So viel war er bereit, für dieses Prachtstück zu investieren. Als er telefonisch Heinz Schilcher den Tisch beschrieb und den vermeintlichen Preis nannte, gratulierte der Manager seinem Präsidenten zum Superkauf. Dem stand jedoch später das blanke Entsetzen ins Gesicht geschrieben, als eine Rechnung über 12 Millionen aus London ins Sturm-Sekretariat kam. Spätestens dann wußte Kartnig über den richtigen Pfund-Kurs Bescheid. Setzte kreidebleich alle Hebel in Bewegung, um vom Kauf noch zurücktreten zu können. Erst nach Kampf, vielen Telefonaten und Faxen gelang es ihm, dem Geschäftsbesitzer glaubhaft zu machen, dass er sich beim Wechselkurs um so viel geirrt hatte.

Tatort Paris 1999: Fünfzehn Jahre nach dem missglückten Einkaufsbummel bei der EM machte Kartnig die noblen Geschäfte rund um die Champ Elysses am Vortag des Champions League-

Der Präsident als „Crocodile Dundee" – diese Jacke trägt auch Harry Belafonte.

Endspiels unsicher. Sieben Stunden lang! In einem blieb er an einer schwarzen Kroko-Lederjacke hängen! Die passte dem „steirischen Bud Spencer" wie angegossen – also musste für diese Jacke ein sehr großes Tier, eine Art XXL-Krokodil geopfert worden sein. Als Kartnig den Preis erfuhr, schüttelte er aber den Kopf: 195.000 Francs, also knapp 400.000 Schilling, waren selbst ihm zu viel. Er ließ mitteilen, dass er bisher in eine Jacke höchstens 100.000 Schilling investiert habe. Also sah sich Kartnig wieder nach Sakkos, Pullovern, Hemden und Hosen um, aber ganz konnte er sich nie von der Kroko-Jacke lösen.

Inzwischen hatte sich der Geschäftsbesitzer eingeschaltet, lehnte den von Kartnig angebotenen Jackenkompromiss über 70.000 Francs, also 150.000 Schilling, nicht unbedingt ab.
Mitten in dessen Überlegungen platzte aber Kartnig mit einem neuen Offert: „Also gut, mein letztes Angebot – 95.000 Francs!" Das wurde sofort angenommen, eine goldene Kreditkarte trat in Aktion. Den Preis von 200.000 Schilling verkraftete Kartnig etwas leichter, als er erfuhr, dass diese Jacke insgesamt nur viermal verkauft worden ist und der letzte Käufer vor ihm immerhin der berühmte Calypsokönig Harry Belafonte („Banana Boat", „Island In The Sun") gewesen war.
Abends verlor er jedoch die Fassung, als ihn Ludwig und Flick wegen dieser Jacke auf „Crocodile Dundee" umtauften. Da brüllte er auf: *„Wenn ich das in einer Zeitung lese, dann bring ich euch um!"*
Es blieb bei der Drohung ...

Hannes und die Sporthilfe

Zuerst Karaoke mit Werner Grissmann, dann ein Arztsketch mit Nora Frey.

Hannes Kartnig ist auch immer bereit, sich in den Dienst einer guten Sache zu stellen. So auch, als der damalige Sporthilfe-General Hubert Neuper die „Galanacht des Sports“ ins Leben rief. 1997 schmetterte Kartnig in einem Duett der Schwergewichte mit Ex-Skistar Werner Grissmann einige „Karaoke-Arien“, 1998 folgte ein unter die Haut gehender „Arztsketch“ mit Nora Frey. 1999 ließ sich Neuper jedoch etwas ganz anders einfallen. Er sicherte sich Christian Flick als Komplizen. Der Sportanwalt sollte den Präsidenten zu Verhandlungen mit vermeintlichen italienischen Investoren in eine Suite des noblen

Im Frack in der Hofburg mit Hubert Neuper und seinen Jägern – im „Bristol“ war ihm das Lachen vergangen.

Wiener Ringstraßenhotels „Bristol“ locken. Das sollte mit versteckter Kamera gefilmt werden.

Der Termin: Ein Tag nach dem UEFA-Cup-Spiel gegen Parma. Kartnig war über das unglückliche Ausscheiden noch verärgert, verlor die Lust an italienischen Millionen, als er am Wechsel in einen Verkehrsstau geriet. Er wollte schon umdrehen (*„Können die Itaker nicht auf den Wechsel kommen?“*), woran ihn Flick nur mit Mühe hinderte. Stau auch in Vösendorf – mit mehr als einstündiger Verspätung kam Kartnig ins „Bristol“. Die Verhandlungen hatten kaum begonnen, als plötzlich Polizisten des Sonderkommandos „WEGA“ die Suite stürmten, etwas von Schwarzgeld schrien. Einer wollte Kartnig gleich verhaften. Dem fuhr tatsächlich die Angst in die Glieder. Nach mehreren missglückten Erklärungsversuchen, die der Polizist überzeugend abschmetterte, rief der Präsident schließlich lautstark nach dem Innenminister: *„Ich red' nur noch mit eurem Minister, mit dem bin ich guat!“* Das war damals Rapid-Fan Karl Schlögel. Erst als Neuper als vermeintlicher Polizist mit Sonnenbrillen in die Suite kam und Kartnig ihn beim zweiten Hinschauen erkannte, durchschaute er das Spiel, brüllte lachend: *„Hubert, fahr' ab!“*
Die TV-Aufzeichnung war übrigens ein Riesenerfolg – auch wenn man am bleichen Gesicht Kartnigs erst sah, wie groß der „Verhaftungsschreck“ bei ihm tatsächlich gewesen war.

Sieger sehen

Die sportlichen Aktivitäten von Hannes Kartnig haben sich im Laufe der Jahre reduziert. Vor der WM 1990 spielte er noch in kurzen Hosen, auch wenn er sich nicht gerade als König des Pressballs (oben) erwies. Nach weiteren Enttäuschungen mußte er sich erschöpft auf die Bank zum Gedankenaustausch mit einem anderen Bartträger, Krone-Marketingchef Karl Scherleithner, zurückziehen. Der konnte nicht viel retten, denn laut Insidern stand die Werbeaufschrift „KGM" auf der Brust für „Keine gute Mannschaft" ...

Jahre später ging es im Telekom-Prominententeam beim Beachsoccer, zum Unterschied von allen anderen, nicht mehr in kurzen Hosen. Ein 0815-Fußballer war er trotzdem nicht, denn Kartnig versuchte sich als einziger „Knickerbockerkicker“, aber nicht lange.

anders aus...

Lieber als mit dem Ball ließ sich der Sturm-Präsident mit Samba-Schönheiten fotografieren. Auch bei seinen Tennis-Versuchen gilt der Slogan „Sieger sehen anders aus ...“ Es fällt schon schwer, richtig in die Knie zu gehen, um die wuchtige Vorhand einzusetzen.

600 Kilometer mit „Buschelhörnchen" zur kalten Gemüsesuppe

Mit ÖFB-Präsident Beppo Mauhart krachte Kartnig in aller Öffentlichkeit bisher noch nie zusammen – dem sagt er nur unter vier Augen seine Meinung. Einmal half Kartnig sogar Mauhart. Als Frank Stronach knapp vor seiner Wahl zum Bundesligapräsidenten im Frühjahr 1998, der Mauhart und Kartnig sehr skeptisch gegenüber standen, via GAK-Präsident Peter Svetits Steiermarks Sportlandesrat Gerhard Hirschmann überreden wollte, gegen Mauhart als ÖFB-Präsident zu kandidieren, weil sich Stronach über manche Mauhart-Wortmeldungen zu seinen Aktivitäten maßlos geärgert hatte, redete Kartnig seinem Freund Hirschmann diesen Gedanken rasch wieder aus, obwohl er ihn für eine sehr gute Lösung hielt und hält.

Wenig später sollte sich Kartnig während der Weltmeisterschaft 1998 in Frankreich aber über Mauhart einmal sehr ärgern: Mauhart überredete den Sturm-Präsidenten ebenso wie ORF-Sportchef Elmar Oberhauser, den damaligen Informationsintendanten Rudolf Nagiller und Lotto-Chef Friedrich Stickler zu einer gut 300 Kilometer langen Fahrt von Bordeaux nach Salas, um dort in einem Restaurant, das europaweit für seine sensationelle Gänseleber bekannt war, fein zu dinieren. Feinschmecker Kartnig sagte zu, war jedoch einem Tobsuchtsanfall nahe, als sich in Salas herausstellte, dass besagtes Lokal wegen Ruhetags geschlossen war. Auch das „Ersatzprogramm", eine kalte Gemüsesuppe in einem Bistro, konnte Hannes nicht beruhigen. Darum polterte er nach der Rückkehr nach Bordeaux: *„Beppo, 600 Kilometer für a kalte Gemüsesuppe, des is ja nicht normal!"*

Wegen Mauhart lachte Kartnig aber im letzten November einmal sogar Tränen. Und zwar im „Golden VIP Club" Sturms im Schwarzenegger-Stadion nach dem 2:0-Heimsieg über Monaco in der Champions League. Nämlich als einer in der „Tafelrunde" von König Hannes in Siegesstimmung Mauhart wegen seiner buschigen Augenbrauen *„Buschelhörnchen"* nannte. Kartnig zerkugelte sich. Und als er am nächsten Tag zu einer lange zuvor anberaumten Sitzung des WM-Komitees ins Wiener Nobelhotel „Sacher" bei der Staatsoper kam, ging er im Restaurant breit lachend auf Mauhart zu, streckte ihm die Hand

zum Gruß entgegen und sagte: *„Beppo, weißt' schon, dass in Graz Buschelhörnchen zu dir sagen? Hahaha, Buschelhörnchen, hahaha!"* Da musste auch Mauhart herzhaft lachen …

Mit dem Team auf Reisen – Hannes bei Österreich!

Der Sturm-Präsident sorgt auch dafür, dass bei den Team-VIPs die Stimmung passt. Einer seiner liebsten Schmähpartner ist der Versicherungs-Kommerzialrat Paul Ranefeld, dessen schüchterne Bartversuche dem steirischen „Rauschebart" nicht das Wasser reichen können.

Seit fast zwanzig Jahren begleitet Hannes Kartnig Österreichs Fußballteam rund um die Welt. Auch um stets auf dem Laufenden zu bleiben. So war er auch in Minsk einer der ersten Gratulanten bei Franz Wohlfahrt, weil der Torhüter das 1:0 gegen Weißrussland und somit das WM-Ticket nach Frankreich gerettet hatte. In Frankreich ärgerte er sich vor dem ersten Spiel gegen Kamerun in Toulouse maßlos, dass die Sturm-Stars Ivo Vastic (rechts) und Mario Haas nur Ersatz waren. Später kam's sogar zum Krach mit Teamchef Herbert Prohaska.

In die Zeit des Anschweigens mit Prohaska fiel im Herbst 1998 das EM-Qualifikationsspiel auf Zypern. Kartnig nutzte dies zu einem einwöchigen Urlaub davor, bestellte dann Hannes Reinmayr aus dem Liegestuhl zum Rapport: „Was gibt's Neues bei Sturm?"

Bei allem Respekt sind sie sich nicht ganz grün: Teamchef Otto Baric hat nicht vergessen, dass ihn Kartnig 1989 bei Sturm nicht gehalten hatte, dass er Jahre später im TV lachend erklärte: „Otto Baric wurde geboren, Osim ist erschienen!"

Bereicherung, Wohltat oder Kasperl?

Wie die Prominenz über Hannes Kartnig denkt

Am 4. Dezember 2000 beschäftigte sich das renommierte deutsche Magazin „Der Spiegel" über drei Seiten mit der bizarren Welt von Sturm Graz unter dem Titel *„Heit nemma den Rolls"*. Unterzeilen: *„Früher war Hannes Kartnig ein armer Goldschmied. Heute sammelt er Kostbarkeiten. Nebenbei investierte er Millionen in den Fußballclub Sturm Graz. Dessen Erfolge werden in Österreich als größtes Wunder seit dem Sieg bei der WM 1978 über Deutschland gefeiert."* Und dann schrieb Matthias Geyer unter anderem:

Damals, als der Hausherr sein Aquarium in Auftrag gab, ließ er es so einrichten, dass die Innenbeleuchtung automatisch anspringt. Und zwar dann, wenn es draußen dunkel wird. Aber auch nur dann. Deshalb gibt es nun ein kleines Problem mit der Vorführung. Hannes Kartnig rutscht auf Knien am Aquarium entlang und blickt traurig ins Gewässer. Draußen ist es hell. Im Aquarium ist es dunkel. *„Schad, sehr schad"*, sagt er. Er presst sein Gesicht gegen die Scheibe. *„I glaub, er schloft"*. Wer? – *„Na, der Hai."*

Dann klopft er gegen die Scheibe. Nichts. Keine Spur vom Hai. *„Ich mag ihn jetzt net wecken"*, sagt Hannes Kartnig. Er stemmt seinen 110 Kilogramm schweren Körper nach oben und klopft sich das Hosenbein aus, das der Modeschöpfer Gianfranco Ferre entwarf. Es ist ein Jammer. Dabei hat er ihn gerade neu. Einen Katzenhai. *„So a kloans Fingerkapperl"*, sagt Kartnig, *„kann er schon abbeißen – wenn er hungrig is."*

Im Leben von Hannes Kartnig, 49, passieren ständig Dinge, die bei anderen Menschen selten passieren. 1992 wurde er Präsident des abgehalfterten Fußballvereins SK Sturm Graz. Und heute ist er mit seinem Fußballverein der König im Land.
Seine Villa wurde auf einem Grundstück von 2500 Quadratmetern gebaut, das zur Stadt hin abfällt. Die extreme Hanglage hatte den Vorteil, dass man einen Wasserfall in das Gelände einbauen konnte. *„Normalerweise"*, sagt er, *„schiaßt der hier mörderisch runter!"*
Normalerweise. Muss man bloß auf einen Knopf drücken und schon kommt das Was-

DER SPIEGEL

FOTOS: GEPA / SPORTIMAGE

Aufsteiger Kartnig: *Als wäre Ludwig II. aus dem Starnberger See aufgetaucht*

FUSSBALL

„Heit nemma den Rolls“

ser. Aber jetzt ist Winter und um diese Jahreszeit muss man den Hahn zudrehen, sonst friert der Wasserfall ein und muss repariert werden. Kein Hai, kein Wasserfall.

Für Hannes Kartnig ist es jetzt Zeit, bei seinen Lieben im Fußballclub vorbeizuschauen. Die Frage ist nur: wie? Es gibt einen Mercedes und einen BMW und einen Rolls Royce. Hannes Kartnig guckt in den Himmel. Die Sonne scheint. *„Wissen S' was? Heit' is so schön, heit nemma den Rolls."*
Kaum ist er vom Grundstück, meldet sich das Handy. Ein Frau ist dran, sie will Karten für das Champions League-Spiel gegen Manchester. *„Du Uschi, sei so liab, ich bin mitten im Gespräch, bitte. In zwei Stunden tu ich mich wieder melden. Bitte. Jo, Uschi, nur net hudeln. Du weißt, vom Hudln kriegt man Kinder. Baba, Uschi, baba!"*
Was ist hudln
„Hudln ist alles ganz fix machen. Am Ende geht's dann so wie beim Beckenbauer!"

Im Bildtext zum Aufsteiger Kartnig mit seinem Rolls stand ein Vergleich mit dem berühmtesten Bayern-König: „Als wäre Ludwig II. aus dem Starnberger See aufgetaucht."

Bild

UNABHÄNGIG · ÜBERPARTEILICH

CHAMPIONS LEAGUE

Sturm Graz – eine einzige Jubeltraube. In der Meisterschaft nur auf Platz 6, aber in der Champions League jetzt unter den besten 16 Teams! Das entscheidende 2:2 in Istanbul brachte der Sensations-Elf zwei Mio. Mark an Prämien ein.
Fotos: Sport Image

STURM GRAZ

SK STURM GRAZ

in der Zwischenrunde

Die Sensation Europas

Hollywood-Gigant Arnold Schwarzenegger gab dem Stadion (vor drei Jahren erbaut) seinen Namen. Der Weltstar, längst US-Bürger, stammt aus Graz.

Am 9. November 2000 hatte Sturm auch im deutschen Massenblatt „Bild" seine Headlines

Bei Österreichs Sport-Prominenz sind die „Kartnig-Fans“ klar in der Überzahl, wie die nächsten Seiten beweisen:

„In erster Linie ist der Hannes Kartnig ein netter Kerl und liebenswerter Mensch mit vielen Facetten, verschiedenen Gesichtern. Die wertvollsten Impulse im österreichischen Klubfußball kamen in letzter Zeit sicher von ihm. Er verstellt sich nie– auch das gefällt mir an ihm sehr.“

Elmar Oberhauser, ORF-Sportchef

„Eine schillernde Figur, ein bunter Vogel, der dem Fußball sehr gut tut. Ich würde mir mehrere Kartnigs im Fußball wünschen. In der Champions-League hat er fast den Gipfel des Olymps erreicht. Nur sollte er sich nicht, wie zuletzt, auf ein Luxusschiff zurückziehen, wenn wichtige Transfers anstehen. So geht das nicht“

Robert Seeger, steirische ORF-Sport-Legende

„Ich hab' Hannes Kartnig vor der WM 1990 als Werbemanager des Teams kennengelernt. Wir haben uns auf Anhieb gut verstanden, er kann mit Menschen gut umgehen. Wenn er nicht poltert, falls ihm irgend etwas nicht passt, dann fehlt etwas. In Wahrheit kann der Hannes niemanden ernsthaft über längere Zeit böse sein!“

Josef Hickersberger, Ex-Teamchef

„Ich hab' zu Hannes Kartnig ein problemloses Verhältnis. Aber mir taugt nicht, dass ihn nur die Leute interessieren, die momentan „in“ sind. Seine größte Stärke ist das Geld aufstellen. Darum hat er auch Erfolg, denn er hat bei Sturm die besten und teuersten Spieler in Österreich. Aber ohne Osim und Schilcher würde auch das nicht funktionieren!“

Walter Schachner, Ex-Teamstürmer,
jetzt Trainer des FC Kärnten

„Er ist sehr impulsiv, erfolgshungrig und geradlinig. Seine Gemütslage hängt sehr von den Ergebnissen Sturms ab. Bei einer Misserfolgsserie hat man es mit ihm nicht leicht. Aber man lernt damit zu leben, es ist zum Aushalten. Das Positive überwiegt!“ Roman Mählich, Sturm-Teamspieler

„Hannes Kartnig hat alle Besserwisser g'stanzt und Großes erreicht. Er ist der maßgebliche Mann hinter dem Aufschwung des Grazer Fußballs. Er hält immer an seinem Trainer fest, das gefällt mir. Zwar hat er mitunter auch an blöden Schmäh', aber der gute überwiegt. Insgesamt ist er als Präsident eine Wohltat!“ Hans Krankl

„Wir hatten zwar früher etwas Stress miteinander, waren aber nie richtig zerstritten. Fehlerfrei ist der Hannes Kartnig sicher nicht, alleine wenn ich an sein Übergewicht denke. Aber er ist nicht

Ein brillantes Kartnig-Cover zum Champion-League-Höhenflug von Erich Tiefenbach *nur ein perfekter Entertainer, sondern auch ein Mann mit einer goldenen Hand, mit dem richtigen Gespür für kaufmännische Belange, mit einem Riesenherz und der notwendigen Härte für das brutale Geschäft Sport. Viele sagen zwar, dass er ein bisserl ein Hirsch ist, aber in Wahrheit bewundern ihn alle, wollen in seinem Glanz mitstrahlen. Auch die Politiker!"*

Harald Fischl, Ex-GAK-Präsident

„Der Präsident hat unsere sportlichen Erfolge perfekt vermarktet. Wer ihn näher kennt, weiß, wie er es meint, wenn er lospoltert. Das ist für mich kein Problem. Mir gegenüber hat er sich immer superkorrekt verhalten, immer alles eingehalten, was er zugesagt hat. Hannes Kartnig hat Handschlagqualität. Mit ihm hätte ich nie einen Vertrag machen müssen."

Ivo Vastic, Sturm-Kapitän

„Ein lustiger, ehrgeiziger Typ, der viel erreicht hat, bei allem, was mit Geld zu tun hat, sehr korrekt ist. Wenn Hannes Kartnig in aller Öffentlichkeit einen Spieler runter macht, folgt meist schon eine Stunde später seine Entschuldigung!"

Mario Haas, Sturm-Heimkehrer

„Eine Bereicherung im Fußball. Hannes Kartnig ist kreativ, engagiert und viel verlässlicher, als er den Eindruck erweckt. Auch wenn mir nicht immer gefällt, was er tut, wie er es tut und was er sagt, er agiert immer mit offenem Visier. Vor allem ist er Argumenten zugängig, ändert dann auch seine Position. Kartnig setzt wichtige Impulse. Ich hoffe, dass er noch lange nicht die Lust am Fußball verliert."

Beppo Mauhart, ÖFB-Präsident

„Ein Supermann für Sturm. Derzeit bin hundert Prozent von ihm überzeugt. Aber eine Million Prozent werden es erst, wenn er noch einmal durch gute Jugendarbeit noch einmal Spieler wie Schopp, Neukirchner oder Haas hervorbringt!"

Otto Baric, Teamchef und Ex-Sturm-Trainer

„Im Kartnig-Buch werden ohnehin alle gut über ihn reden, daher sage ich nichts Gutes über ihn. Für mich hat er im Fußball die Rolle des Kasperls übernommen. Die hat er sich durch jahrelanges Blödreden redlich verdient. Er redet jetzt schon zu jedem Thema, ist für die Medien ein dankbares Objekt, merkt gar nicht, dass er von ihnen ausgenutzt wird. Der Sturm-Höhenflug, mit dem er sich brüstet, geht auf das Konto der sportlichen Seite, von Osim, Schilcher und der Mannschaft. Die haben auch das viele Geld auf die Sturm-Konten eingespielt. Kartnig hat sich durch seine Bekanntschaften freien Zutritt beim ORF und den Landespolitikern verschafft, kann auch daher sehr viel bewegen."

Ernst Dokupil, Rapid-Sportmanager

Am Wiener Opernball

Beim Opernball 1999 saß der Sturm-Boss mit dem Schweizer FIFA-Präsidenten Joseph Blatter in der Loge von Casino-General Leo Wallner. Auch die charmanten Begleiterinnen unterhielten sich bestens. Blatter schickte Kartnig zur Erinnerung ein Dankesschreiben samt Fotos – im „Sportmagazin" ätzte Tirol-Präsident Martin Kerscher vom „Präsidentenproleten" Kartnig am Opernball. Dem fiel darauf prompt eine Antwort ein: „Erstens glaub' ich nicht, dass der Herr Kerscher wirklich weiß, was ein Prolet ist. Zweitens kann ich mir den Opernball selbst bezahlen. Er müsste sich hingegen vom Frank Stronach dafür Geld ausborgen". Beim letzten Opernball war Kartnig übrigens Gast in der Loge von Stronachs Firma „Magna", genauer gesagt von Magna-Europa-Chef Sigi Wolf.

Le Président

FIFA
For the Good of the Game

SK STURM GRA[Z]
eingelangt 03. MÄRZ 1999
Bearbeiter ....
Erl. ....

Herrn
Hannes Kartnig
Präsident
SK Puntigamer Sturm Graz
Eggenberger Gürtel 9/I
A-8020 Graz

Zürich, 1. März 1999
hp

Lieber Hannes

Herzlichen Dank für Deine liebenswürdigen Zeilen vom 22. Februar und die Photos von unserem gemeinsamen Abend beim Opernball. Die Bilder rufen Erinnerungen an eine unvergessliche Ballnacht wach, die wir in Eurer charmanten Begleitung umso mehr geniessen konnten.

Ich würde mich über ein gelegentliches Wiedersehn in Graz oder in Zürich freuen. Inzwischen verbleibe ich, auch im Namen von Ilona, mit besten Wünschen und herzlichen Grüssen

Sepp Blatter

Joseph S. Blatter

„Hannes Kartnig hat auf mich von Beginn weg den Eindruck eines Mannes gemacht, der viel bewegen kann. Dass er jetzt auf Grund der Erfolge von Osim und der Mannschaft zu einer kompletten Symbolfigur wurde, hat er sich redlich verdient. Es stimmt zwar, dass er mitunter Dinge an die Öffentlichkeit trägt, die intern bleiben müssten, aber da hat er sich schon gebessert. Wer mit so viel Herz und Seele dabei ist, hat das Recht, auf uns hinzuhauen. Mitunter würd' ich mir schon wünschen, dass er öfters seinen Zorn in sich hineinfrisst. Aber er brachte mit seiner polternden Art auch schon wichtige und fruchtbare interne Diskussionen in Gang. Mir hat er bei meinem Wechsel nach Hamburg zugesagt, dass ich bei Problemen jederzeit in Graz wieder willkommen wäre. Als ich zu Osim zurück wollte, ist er zu seinem Wort gestanden. Dafür bin ich ihm dankbar."

Markus Schopp, Sturm-Teamspieler

„Wenn ich den Präsidenten-Proleten Kartnig am Opernball sehe, dann tut mir das weh!"

Tirol-Präsident Martin Kerscher im Oktober 2000 im „Sport-Magazin"

„Kartnig hat immer Mut gehabt. Sollte ich mit ihm mehrere Stunden verbringen müsssen, würd' ich ihn nur ins Kino schleppen. Dort muss er den Mund halten, kann mich nicht über Sturm und den Fußball anquatschen. Früher sagten viele, eher gibt es Schnee in der Hölle, als dass Kartnig Sturm-Präsident wird. Jetzt hat er mit vielen Tricks und Schmähs etwas erreicht, was noch nie da war. Und die vielen Kartnig-Opfer, die es auch gibt, sind froh, wenn er sie überhaupt grüßt!"

Big Otto Wanz, Grazer Catcherlegende

„Seit ich bei Sturm bin, streiten wir immer ein bisserl herum. Das und über alles diskutieren kann man mit ihm herrlich. Aber Hannes Kartnig ist nie richtig böse, er vergisst auch recht schnell. Was er für Sturm leistet, ist unbezahlbar!"

Hannes Reinmayr, Sturm-Teamspieler

„Es gibt viele, die seine Art akzeptieren, aber auch viele, die das nicht tun. Das wichtigste ist aber doch, dass er die Fußballszene belebt. Wäre er mein Präsident, hätten wir aber sicher einige Schwierigkeiten miteinander!"

Kurt Jara, Trainer des FC Tirol

„Er gibt sich nach außen hin sehr hart, ist aber in Wahrheit die Seele eines Menschen. Vor allem ist er ein Kommunikationstalent. Das macht ihn auch oft so beliebt. Bis auf wenige Ausnahmen sieht und sucht er im Fußball immer das Positive!"

Alfred „Gigi" Ludwig, ÖFB-Generalsekretär

„Er hat viel für den österreichischen Fußball getan, ist im Grund ein herzensguter Mensch. Wenn es um seine Ziele und Interessen geht, sieht dann alles anders aus. Dass einer anderer Meinung ist, lässt er dann nicht mehr gelten. Mit seiner Masche, bei Auseinandersetzungen seine Gegner gleich verbal zu attackieren und beleidigen, sich dann aber gleich wieder zu entschuldigen, weil alles angeblich nicht so gemeint war, schießt er mitunter schon übers Ziel. Aber er hat auch die Größe, Fehler zuzugeben!"

Günther Kaltenbrunner, Ex-Rapid-Präsident

„Er trägt sein Herz zu sehr auf der Zunge. Zu meiner Sturm-Zeit stand alles, was wir abends in Vorstandssitzungen intern und vertraulich besprachen, am nächsten Tag in der Kleinen Zeitung. Hannes Kartnig hat alles gleich weitergegeben, auch darum waren die anderen gegen ihn. Dass er mit Sturm zu solchen Erfolgen kam, hätte ich nicht erwartet. Der sportliche Werdegang übertraf alle Erwartungen. Der ist aber Osim und Schilcher zu verdanken. Aber trotzdem halte ich viel von Kartnig!"

Gustl Starek, von 1989 bis 1992
Sturm-Trainer

„Hannes Kartnig hat den Sturm-Höhenflug ermöglicht, gezeigt, wie viel man mit einem österreichischen Klub durch konsequente Arbeit erreichen kann. Ich bezeichne ihn auch als lieb und lustig. Auch wenn er mitunter glaubt, schon zu jedem Thema Stellung beziehen zu müssen. Da redet er, bevor er nachdenkt. Solche Fehler führten oft zu Ärger. Einmal auch zwischen uns – doch das ist längst vergessen."

Herbert Prohaska, Ex-Teamchef

„Er kann stolz darauf sein, was er mit Sturm alles erreicht hat. Ich würde Österreich gerne mehrere Kartnigs wünschen. Denn er hat erkannt, wie man gleichzeitig seriös arbeiten und den Fußball auch perfekt vermarkten kann. Daher glaube ich, dass Kartnig auch in den großen, europäischen Ligen Erfolg haben würde!"

Toni Polster, Ex-Teamkapitän, mit Italien-,
Spanien-und Deutschland-Erfahrung

„Die Ära Kartnig begann im mittleren Play-Off, jetzt gehört Sturm zu den besten 16 Klubs in Europa. So etwas gelingt nur mit einem positivverrückten Präsidenten."

Andreas Herzog, Österreichs Team-Kapitän,
seit neun Jahren in der deutschen Bundesliga

Der bayerische Kaiser soll den Steirer-König krönen

Hannes Kartnig, schillernder Präsident von Sturm Graz, wartet nach dem Gruppensieg in der Champions League auf sein ganz persönliches Traumlos

Schlagzeile in der renommierten „Süddeutschen Zeitung" am Tag nach dem Gruppensieg.

„Bringt's die Koffer, ich mach' euch arm!"

Im Laufe der Jahre sorgte Hannes Kartnig für viele Sprüche, die in Erinnerung blieben. Die Liste hier hat keinerlei Anspruch auf Vollständigkeit. Legendär war sein verbaler Schlagabtausch mit dem gebürtigen Steirer Frank Stronach. Als der Milliardär Bundesligapräsident wurde, blieb ihm Kartnig nichts schuldig, bis schließlich Stronach empört ankündigte: *„Wenn mich jemand so beleidigt, fehlt jede Basis. Solange Herr Kartnig bei Sturm ist, kann ich für Sturm nichts machen. Schade, ich würde Sturm gerne unterstützen. Aber Kartnig pinkelt vor meine Tür. Er kriegt sicher kein Geld!"* Kartnig und Sturm geht es heute auch ohne Millionen von Stronachs Magna sehr gut. Und Kartnig gibt zu, sich in Sachen Stronach geirrt zu haben. Das lässt für die Zukunft alles offen.

Auch als Werbeträger ist der „Große Schwarze" sehr gefragt: Der Hornig-Kaffee schlug zu.

Bei der privaten Weihnachtsfeier von Stronachs Statthalter, Magna Europa-Chef Sigi Wolf (übrigens ein Steirer), war Kartnig letztes Jahr schon zu Gast. So wie Ex-Kanzler Franz Vranitzky, ORF-Generalintendant Gerhard Weis, ORF-Sportchef Elmar Oberhauser, Casino-Boss Leo Wallner, CA-General Erich Hampl oder Skilegende Franz Klammer: *„Da lernt man Menschen näher kennen!"* Als Ex-Austria-Präsident Rudolf Streicher mit einer Stunde Verspätung kam, begrüßte er Kartnig mit den Worten: *„Aha, die Steiermark ist da, was will denn die Steiermark hier?"* Die Antwort: *„Rudi, du mit deinem Montan-Universitätsstudium kannst doch keine Unsicherheit zeigen. Du brauchst keine Angst um deinen Sponsor haben!"*

Was Hannes Kartnig in seiner Ära so alles einfiel …

Es ist ja bekannt, dass Kartnig die Geldgeber anzieht wie das Licht die Motten. Sich einmal sogar die weltberühmte Uhrenmarke Breitling als persönlichen Sponsor sicherte. Und darum wettet Kartnig schon im privaten Kreis, dass spätestens in zwei Jahren Stronachs Magna zu den Sturm-Sponsoren gehören wird …

Rudi, du brauchst keine Angst um deinen Sponsor haben!

„Die führenden Herren im Eishockeyverband sind alle entweder senil oder unfähig"

„Ich möchte nicht, dass die Leute mich als Zar Hannes bezeichnen. Es genügt, wenn sie Erzherzog Johann zu mir sagen."

(Nach dem ersten Meistertitel mit Sturm 1998)

Der Präsident mit eigenem Sponsorenkapperl und eigener roter Sponsorenjacke – Breitling gibt sich die Ehre!

„Wer ist er denn, der Heri Weber? Der empfiehlt mir, zum Psychiater zu gehen? Das ist doch einer, den's früher aus dem Felsen g'sprengt haben!"

(Beim Streit nach dem Wechsel des 17jährigen Roman Wallner von Sturm zu Rapid)

Smalltalk mit einem prominenten Sturm-Fan, mit Minister Bartenstein.

„Peter Svetits war ein guter Landesligafußballer, mehr ist da nicht herausgekommen. Aber der ist doch nie ein Präsident für den GAK!"

„Auch wenn der FC Tirol Meister ist, bleibt der Herr Kerscher für mich ein Möchtegernpräsident. Der versteht etwas vom Skifahren oder vom Golfen, aber vom Fußball ist er weit entfernt. Außerdem stammt er aus Kitzbühel. Und die Kitzbüheler sind wie ein eigenes Land in Österreich! Die Kitzbüheler sind die Besten, Schönsten und Gescheitesten. Das glauben sie halt!"

„Frank Stronach ist beleidigt, weil ich gesagt habe, sein Vortrag in Baden glich dem in einer Volksschule!"

„Wenn Stronach nicht mit mir reden will, soll er's bleiben lassen. Aber er soll nicht Messias spielen. Er will ja etwas für sein Geld!"

„Stronach glaubt, dass er mit der Marie die ganze Bundesliga kaufen kann. Mich nicht. Ich will nicht von seinen Launen abhängig sein. Bevor er die Liga entzweit, soll er sich sein Geld an den Hut stecken."

„Ich bin ein Poltergeist. Aber das gehört zur Show. Kernige Sprüche. Lustig, locker, manchmal überheblich. Ich gebe mich so, damit mich jeder versteht!"

„Stronach ist eine beleidigte Leberwurst."

Aufmerksamer Zuhörer bei Frank Stronachs Ausführungen anläßlich der Generalversammlung der Bundesliga 1998 – überzeugt hat ihn der Austro-Kanadier aus Leibnitz aber nicht.

„Frank, pass' auf, die nehmen dich doch alle aus wie eine Weihnachtsgans" ...

„Ich bin kein Arschkriecher. Eher nage ich am Hungertuch, bevor ich mich kaufen lasse."

„Stronach kennt sich nicht aus. Deshalb ist er unglaubwürdig!"

„Der Frank Stronach ist schon in Ordnung. Ich hab anfangs nicht glauben können, dass er so viel Geld praktisch verschenkt. Darum zipft's mich an, wenn Leute, die von ihm 50 Millionen bekommen haben wie der Kerscher, jetzt hinter seinem Rücken auf ihn schimpfen!"

„Stronach wollte alles mit der Brechstange und seinem Geld machen – wie in Amerika oder Kanada. Nicht nur im Fußball, auch mit seinem Wett-TV-Kanal. Aber das geht in Österreich nicht. Er hat so viel falsch gemacht, daher so viele Feinde. Jetzt wird er ausgenommen wie eine Weihnachtsgans. Der hat so viel Geld hergegeben und es gibt nur wenige, die sagen: Der Stronach ist super. Wäre er zu Sturm und mir gekommen, hätte er garantiert ein viel besseres Image als derzeit!"

„In der Grazer Politik sind zu viele Schuhputzer und Schnurspringerinnen am Werk. Wir haben 500 Beamte zu viel. Die tun nix bis wenig. Die bescheißen die Gemeinde. Die kommen in der Früh rein und dann fahren's weg, die Mutti kitzeln!"

„Manche Leut hab'n schon an Schuss!"

„Holt die Koffer! Ich mach' euch arm!"

(Im Casino, wenn er am Gewinnen war)

„Tauscht's den Croupier aus! Der hat schwitzige Händ'."

(Im Casino, wenn beim Roulette die Kugel für ihn ungünstig fiel)

„Greif' mich net an, sonst g'wöhnst Dich an meinen noblen Stoff. Aber kannst ruhig hergreifen, ziehst dir schon keinen Span ein."

(Zu Schulterklopfern)

„Mimosen, die wie Raubritter kassieren"

(Über Sturm-Spieler nach dem 0:5 in Monaco)

„Ich genier' mich nicht für meinen Bauch. Den kann man schon herzeigen. Der hat ja auch einiges gekostet, ist einiges wert!"

„Ich mag keine Frauen, die sich in den Mittelpunkt drängen, die sich selbst am wichtigsten finden. Ich bin ein Pascha!"

„Man muß auch selbstkritisch sein. Märchenprinz bin ich keiner. Ich schau' wie ein Kugelfisch aus!"

„Rapidler sind ja auch Menschen."

(Beim ORF-Jahresrückblick 2000 im „Taxi Orange" zum Sieger Max, einem bekennenden Grün-Weißen)

„Des is' ja kein Geld. Des sind Heidelbeeren!"

„Ich bin ein Macher, dazu brauch ich keinen Titel. Wenn am Ende meiner Ära bei Sturm die Leute sagen, er war ein guter Funktionär, bin ich zufrieden!"

„Ich bin kein reicher Mensch, nur ein gut verdienender. Ich brauch' kein eigenes Schiff oder Flugzeug. Ich will nur in ein Geschäft gehen können und mir das kaufen, was mir gefällt. Und ich will mir einen Fußballklub leisten können!"

„Der Rapid-Präsident hat noch nie eigenes Geld in den Klub investiert. Der Günther Kaltenbrunner verteilt doch in der Bank Austria nur Radiergummi und Klopapier."

Die verbalen Ausfälle gegen Ex-Rapid-Präsident Günther Kaltenbrunner tun Kartnig mit der Distanz leid: „Der Mann hat Stil."

Hannes, was sagst du zu …?

BART

„Den lass' ich mir seit 1981 stehen. Wenn er zu lang wird, schneid ich ihn wieder ein bisserl ab. Aber ganz glatt hat man mich seit 30 Jahren nicht gesehen. Ganz kommt der Bart erst weg, wenn ich mir im Spiegel zu alt vorkomme. Ohne Bart seh' ich dann wieder wie mit 30 aus!"

GEWICHT

„Hab' ich sicher zu viel. Es gab Zeiten, da war ich bei 94 Kilogramm, jetzt pendle ich zwischen 108 und 110 kg. Weil ich mich blöd ernähre. Den ganzen Tag komm' ich nicht zum Essen, abends wird dann alles nachgeholt. Eigentlich ist das vertrottelt! Es ärgert mich, dass ich das nicht in den Griff bekomme!" Bis zum 50. Geburtstag will er unbedingt zehn Kilo abspecken.

LIEBLINGSGETRÄNK

„Apfelsaft, Spezi. Irgendwann am Tag muss ein gutes Glas Bier dabei sein. Abends schätze ich einen wirklich guten Rotwein!"

LIEBLINGSESSEN

„Sicher alle Nudelgerichte!" Kartnig hat aber auch den Ruf eines Genießers, der an keiner süßen Nachspeise vorbeikommt. Auch gibt es glaubhafte Gerüchte, dass sich Kartnig bei nächtlichen Rückfahrten von Wien nach Graz an der erstmöglichen Autobahnraststätte mit Vorräten von Cornetto-Eis, egal ob Erdbeer, Heidelbeer, Vanille, Schoko-Trauben oder Walnuss, eindeckt, die er dann bis in die Steiermark mit Genuss lutscht. Als „Eskimo-Testesser" mit Werksvertrag soll er auch öfters tiefgekühlt schlafen gehen …

PROTZEN

„Das wird mir vorgeworfen. Der Neid ist groß. Da heißt es dann wieder, der Neureiche gibt schon wieder mit seinem Geld an. Ich wohn' halt gerne in schönen Dingen. Nur habe ich das alles redlich verdient, nirgends etwas gestohlen. Ich verdiene mein Geld und kann mir das leisten. Und ich bin ein offener Typ, der sich nicht für das geniert, was er sich leisten kann.

Das persönliche Glück hat sicher etwas mit Wohlstand zu tun. Außerdem habe ich den Hang zum Schönen. Das kommt von meiner Ausbildung zum Goldschmied. Schmuck ist ja etwas Schönes! Wegen ein paar Neidern werd' ich mich net schiach anziehen. Den G'fallen tue ich ihnen nicht!"

MEDIENGEIL

„Auch das unterstellt man mir. Ich hab oft gehört, der kommt an keinem Mikrofon vorbei, drängt vor die Kameras. Das ist alles Blödsinn. Ich hab' mich noch nie reingepresst, noch nie einem Journalisten gesagt, dass er mich interviewen oder etwas Bestimmtes fragen soll. Von solchen bestellten Sachen halte ich gar nichts. Ich hab' halt etwas Glaubwürdiges zu sagen und kann mich relativ verständlich ausdrücken. Darum bin ich auch als Interviewpartner begehrt. Die mir vorwerfen, mediengeil zu sein, möchten halt selbst gerne ins Fernsehen und kommen nicht hinein!"

ZIGARRE

„Vor zwei Jahren hab' ich mir angewöhnt, täglich eine zu rauchen. Das beruhigt. Vor allem bei Spielen auf der Tribüne. Am liebsten sind mir kubanische Zigarren, speziell Cohibas!"

BELEIDIGUNGEN

„Ich hab' doch auch schon genug eingesteckt. Es stimmt schon, dass ich austeile, teilweise unter der Gürtellinie. Aber nicht, weil ich jemanden beleidigen will. Mitunter versuche ich, alles doch eher ins Lächerliche zu ziehen. Etwa zuletzt die Sache mit Schiedsrichter Plautz und seiner geringen Körpergröße. Aber mitunter tut's mir schon nachher leid, was ich über einige Leute gesagt habe. Am meisten war dies beim früheren Rapid-Präsidenten Günther Kaltenbrunner der Fall. Ich bin erst später draufgekommen, wie viel Stil er hat, dass er so etwas nicht verdient. Auch die Streitereien mit Herbert Prohaska während und nach der WM 1998 tun mir leid. Er hat's in die falsche Kehle bekommen, dass ich mehr Sturm-Spieler forderte. Ich wollt' ja nur, dass Österreich aufsteigt. Dann haben wir uns monatelang angeschwiegen, wie die kleinen Indianer benommen, bis wir uns im Hotel Sacher versöhnt haben! Bei Ungustl'n tut mir aber gar nichts leid. Dabei versuch' ich in letzter Zeit ohnehin, nicht mehr großgoschert zu sein. Man sollte nicht alles so tierisch ernst nehmen!"

STREITEN

„Ich streite nur ab gewissen Summen und wenn ich mich im Recht fühle. Dann kenne ich kein Pardon, habe vor nichts und niemandem Angst!" Und dann nimmt er es auch in Kauf, wenn das „Kartnigsche Landrecht" mitunter vor einem

ordentlichen Gericht abgeschmettert wird. So als er vom Wiener Manager Hubert Peterschelka auf 100.000 Schilling Provision für den Kauf des russischen Liberos Tschernischow geklagt wurde. Kartnig zahlte nicht, ging durch alle Instanzen – das kostete ihn am Ende 300.000 Schilling. Und alle Manager bekamen von Gerichts wegen bestätigt, bis zu 15 Prozent Provision bei Transfergeschäften verlangen zu dürfen. Kartnig fühlt sich noch heute im Recht: *„Das ist nur schlecht ausgegangen, weil sich unser Rechtsanwalt mit dem Richter nicht vertragen hat!"*

NEID

„Ich bin niemandem etwas neidig. Neider suchen immer etwas Negatives. Wenn's bei mir den Neid weglassen und ehrlich sind, werden's auch nichts Negatives finden. Es will heutzutage jeder ein Weltmeister sein. Und deswegen lässt man die Leistungen des anderen schwer gelten. Ich weiß, dass ich Sponsoren auftreiben und Geld aquirieren kann. Das ist meine Stärke. Bei anderen Dingen halte ich mich zurück!"

FEINDBILDER

„Hab' ich sicher keine. Ich bin ja nicht nachtragend. Mitunter bin ich zwar böse, aber dann denke ich mir, dass doch alle Fehler machen. Ich kann nur falsche Menschen nicht leiden!" Kartnig-Kenner behaupten allerdings, dass ihn skurrile Ideen von Spielergewerkschaftschef Rudolf Novotny, in Fußballerkreisen wegen seiner Ähnlichkeit mit dem US-Filmstar oft *„Richard Gere für Arme"* genannt, jederzeit auf die Palme bringen können. Zuletzt etwa wegen der Klage gegen die Abmeldung von Ranko Popovic samt finanzieller Forderung: „Der kriegt bei uns Stadionverbot!"

URLAUB

„Brauch' ich mitunter dringend. Denn ich kann seit einigen Jahren in der Nacht höchstens drei Stunden tief und fest schlafen. Mir schießen zu viele Gedanken über Sturm und die Firma durch den Kopf! Daher bin ich in letzter Zeit mitunter etwas müde, brauch' Erholung!" Erholen kann er sich, indem er sich im Sommer auf einen Liegestuhl legt und einfach in die Sonne schaut oder im Winter in die Sauna geht, in den Whirl-Pool legt und den Fischen im Aquarium beim Schwimmen zuschaut.

Der letzte Winterurlaub konnte sich sehen lassen: Zuerst eine Woche Rio de Janeiro, dort an der Copacabana Silvester gefeiert und dabei den Donauwalzer gehört, dann die Kreuzfahrt 0102 mit der „MS Europa" von Rio nach Santiago de Chile (Kosten der Kabine im Clubdeck pro Person 193.000 Schilling), dann noch je eine Woche Chile, Uruguay und Argentinien.

Allerdings gab auch Stress: In Rio wurde er Augenzeuge der Massenpanik beim brasilianischen Finalspiel Vasco da Gama gegen Sao Caetano mit 170 Verletzten: *„Mitunter hatte ich sogar Todesangst!“* Und dann kam nach Rio die Meldung vom „Pass-Skandal“ um den Russen Ramiz Mamedow, die Problematik um die Nicht-EU-Ausländer, das Nachdenken, ob Charles Amoah so viele Millionen wert ist, die Rückkehr von Mario Haas – zudem beobachtete er noch interessante Spieler. Brasiliens berühmten Torjäger Romario zeigte er allerdings im Nobelbadeort Urugays, in Punta del Este, nach Rücksprache mit Heinz Schilcher die kalte Schulter: „Der berühmte Romario bot sich Sturm an, ist aber mit 35 schon zu alt.“

Hannes Kartnig mit Rapids Sportmanager Ernst Dokupil und Buchautor Peter Linden auf einer ORF-Adventfeier am Küniglberg. Beim verbalen Ballyhoo zwischen den Schwarzen und Grün-Weiß ist auch viel Show dabei – aber spätestens seit dem Wallner-Wechsel zelebrieren sie ihre „Feindschaft“. Nach dem 2:1 in Athen bekam Kartnig eine Gratulations-SMS mit der Unterschrift „Dein Ernstl Dokupil“. Aber Dokupil schwor: „Ich war es nicht. da hat sich jemand einen Gag erlaubt.“

ERNST DOKUPIL

„Der tut ja alle schädigen in Österreich. Das ist die Wahrheit. Für mich der Falscheste, den ich je im Fußballgeschäft kennengelernt habe. Der geht über Leichen, denkt nur an sich und Rapid. Wenn's nach ihm geht, spielt nur Rapid allein. Und das ist gefährlich!“

WEIHNACHTSFEIER

„Die macht keiner wie wir. Alles Marketing heute. Anfangs hab' ich unsere Weihnachtsfeiern bezahlt. Wenn man ein Klub sein will, muss man den Leuten auch etwas bieten. Dazu gehört eine schöne Weihnachtsfeier mit einem Rahmenprogramm und kleinen Geschenken. Das pflegt man einfach. Die Ausgaben kommen hundertzehnmal zurück. Wenn die Firmen mit solchen Events ein Vertrauen zur dir bekommen, dann kriegst du auch Aufträge. Und das kommt auch Sturm zugute. Heutzutage wollen die Sponsoren eine ordentliche Feier und kein Mickey Mouse-Fest!“ Als Mickey Mouse-Fest bezeichnet Kartnig, sehr oft zum Ärger von ÖFB-Boss Mauhart und Generalsekretär Ludwig, viele ÖFB-Events.

Stürmische Weihnachten …

Die Sturm-Weihnachtsfeier stilisierte Hannes Kartnig im Laufe seiner Ära zum Mega-Ereignis hoch. Erstmals kam er damit 1995 in die Schlagzeilen, als er für Trainer Ivica Osim dessen Lieblingssänger Al Bano, der damals noch nicht solo, sondern mit Romina Power sang, nach Graz holte. Ein Jahr später ließ er es sich eine sechsstellige Summe kosten, dass Engelbert vor dem Sturm-Logo sein berühmtes „Please, Release Me" trällerte.

1997 sorgte im Congresscenter Professor Udo Jürgens in seiner einzigartigen Art für Superstimmung, band auch die Spieler in seine Show ein. Und der Präsident stellte sich bei seinem geschätzten Trainer und den Spielern mit gelungenen Karrikaturen ein.

1998 konnte sich der Weihnachtsmann Hannes Kartnig mit weißem Rauschebart zwei große Wünsche an seine Spieler nicht verkneifen – nämlich „Anständig benehmen!" und „Titel holen!". Die Weihnachtswünsche erfüllten sich. 1999 waren alle von einer riesigen Eiskrippe im Landhaus sowie von einer Lasershow beeindruckt, ehe es mit einem Super-Showprogramm weiter ging. Roberto Blanco war wie immer die Stimmungskanone, Jennifer Rush ließ alle Herzen höher schlagen. Ein Hauch von Las Vegas in Graz.

PUNTIGAMER
STURM

2000 wollte Kartnig aus Ärger über den Prämienpoker für die Zwischenrunde der Champions Leage die Weihnachtsfeier absagen, doch dann wurde es noch zum Fest der Superlative. Allein die Bühne in der Schwarzlhalle kostete 1,6 Millionen. Der Präsident war auch als Conferencier große Klasse, holte die Perlen aus dem Sturm-Sekretariat ebenso auf die Bühne wie die Trainergattin Asima Osim und die Spielerfrauen oder -freundinnen. Als ihm Kapitän Ivo Vastic ein Sparschwein als Symbol für verantwortungsvollen Umgang mit den Champions-League-Millionen überreichte, musste Kartnig lächeln. Und als das schwarze Stimmwunder Gloria Gaynour die Halle erbeben ließ, tanzte der Präsident vor der Bühne mit.

So wohnt der Präsident

Am 26. Juli 1986 bezog Hannes Kartnig sein Traumhaus am Neuböckweg in St. Peter mit seiner damaligen Gattin Wilma und Sohn Gerald. Der Wert des Kartnig-Hauses wird heute auf dreißig bis vierzig Millionen geschätzt. Zu den Attraktionen gehört auch der künstliche Wasserfall im Garten. Wäre die „Operation Sturm" allerdings nicht erfolgreich verlaufen, hätte sich der Präsident von diesem Haus trennen müssen. Vor drei Jahren bürgte er noch für über zwanzig Millionen Sturm-Verbindlichkeiten.

Prinzessin Evelyn

Ein Glückspilz wird 48 – das Team von GEPA gratuliert herzlichst!

Ein knappes Jahr nach der Scheidung von Wilma, für die er vor Gericht alle Schuld auf sich nahm, trat Evelyn Hauser in Kartnigs Leben. Seine Freunde behaupten, dass sie eine beruhigende Wirkung auf ihn hat, er viel ausgeglichener wirkt, seitdem er bei Evelyn in festen Händen ist. Er erzählt ihr zwar von allen seinen Sorgen und vom Ärger bei Sturm, aber er versucht nie, seine schlechte Laune mit ins Haus nach St. Peter zu nehmen. Bisher klappte das. Er nennt Evelyn meist „Prinzessin". Im Oktober 1999 schickte die GEPA-Agentur bereits obiges Foto als Geburtstags-Glückwunschkarte. Evelyn und Hannes sind ein beliebtes Motiv für die Fotografen. Egal ob tanzend, bei einem Formel-I-Grand-Prix oder zum Jahreswechsel. Bisher brachte die Prinzessin als Rauchfangkehrerin ihrem Hannes ja viel Glück.

TERMINATOR
HAST A GRANDE CORONA

Auf der Tribüne ist Prinzessin Evelyn längst vom Sturm-Virus hoffungslos infiziert, und sie fiebert mit, als hätte es für die inzwischen karenzierte medizinisch-technische Assistentin am LKH Graz nie etwas anderes gegeben. Der Wunsch für die Zukunft: Dass der Hannes bei allem Einsatz künftig auch etwas mehr Zeit für unbeschwerte private Tage hat, vielleicht sogar ohne Handy.

Ob es aber viele solcher ruhigen Mußetage im Boot am Meer geben wird? Schließlich ist ja der erfolgreiche Sturm-Präsident auch bei allen nur möglichen p.r.-Terminen sehr, sehr gefragt.
Und er kann mitunter so schwer „Nein“ sagen, etwa zur Sitzprobe im Opel-Raketenauto unter der Obhut von Opel-Austria-Generaldirektor Franz Robert Rottmeyer.

Kartnig junior

Seinem Sohn Gerald lässt der Herr Papa in der Perspektiven-Werbung bereits freie Hand im Tagesgeschäft – so baut man seinen Nachfolger auf. HAK-Absolvent Gerald lernte in der väterlichen Firma das Geschäft von der Pieke auf. Und so wie der Vater ist auch der Sohn mit Herz und Seele bei Sturm dabei, zudem auch in festen Händen. Bei Susanne Pfister, die auch in der Kartnig-Firma arbeitet. Kartnig senior spricht von Susanne bereits nur noch als Schwiegertochter in spe, die auch bereits zu Auswärtsspielen mitfliegt und gemeinsam mit Kartnig junior bei Weihnachtsfeiern von Kartnig senior auf die Bühne gebeten wird.

DANK AN:

Alle, die etwas zu Hannes Kartnig zu sagen hatten

Oskar Buschek

Herbert Eichinger

Manfred Ergott

Dieter Erla

Edi Finger (Ewig-Junior)

Herbert Feurer, weil er grünes Licht zu diesem Buch gegeben hat

Christian Flick, den absoluten Groß-meister der kleinen Gebühren und der wasserdichten Verträge

Ernst Happel jr.

Christian Hofer

Andi Jaros

Richard Kallinger

Hannes Kartnig

Adi Kornfeld

Michaela Linden

Martina Linden

Gigi Ludwig

Peter Moizi

Ivan Osim

Sepp Pail

Franz Pammer und das GEPA-Team

Horst Plankenauer

Gert Pölderl

Rudi Rappel

Heinz Schilcher

Willi Sotsas

Andy F. Thalhammer

Sigrid Wernegg (für Brot und Wasser)

FOTOS:

GEPA

Hofer

Kartnig privat

Pail

Plankenauer

Ernst Happel jr.